A P

L'idée qui tue !

Politique, business, culture... Les secrets des idées qui durent

Bienvenue dans la noosphère, ce monde merveilleux où vivent des êtres magiques appelés "Idées qui tuent".

Amicalement
Nicolas
05.02.10

Groupe Eyrolles
61, bd Saint-Germain
75240 Paris Cedex 05

www.editions-eyrolles.com

Le Code de la propriété intellectuelle du 1er juillet 1992 interdit en effet expressément la photocopie à usage collectif sans autorisation des ayants droit. Or, cette pratique s'est généralisée notamment dans l'enseignement, provoquant une baisse brutale des achats de livres, au point que la possibilité même pour les auteurs de créer des œuvres nouvelles et de les faire éditer correctement est aujourd'hui menacée. En application de la loi du 11 mars 1957, il est interdit de reproduire intégralement ou partiellement le présent ouvrage, sur quelque support que ce soit, sans autorisation de l'éditeur ou du Centre français d'exploitation du droit de copie, 20, rue des Grands-Augustins, 75006 Paris.

© Groupe Eyrolles, 2010
ISBN : 978-2-212-54489-3

Nicolas Bordas

L'idée qui tue !

Politique, business, culture...
Les secrets des idées qui durent

EYROLLES

*À Sonia,
et Jean-Christophe,
qui ont donné l'impulsion initiale
pour que l'idée de ce livre devienne réalité*

Sommaire

Introduction 1

Première partie
La société de communication et les nouvelles possibilités d'émergence des idées

De la communication en société à la société
de communication 7
Du vivant des idées aux idées sur le divan 19

Deuxième partie
Les conditions d'émergence de l'idée : contexte, force subversive, porte-parole et lancement

Contexte, un jour, contexte toujours 29
Subvertir, quel plaisir ! 45
De l'idée d'un porte-parole au porte-parole
d'une idée 57
Comment lancer une idée sans qu'elle vous retombe
dessus 67

Troisième partie
La communication de l'idée : formule, symboles, histoire, preuves, médias

Du « et si ? » décapsuleur au choc de la formule	81
La puissance des images, la force du symbole	91
Les idées ne se font pas sans histoire	99
L'idée à l'épreuve de la preuve	109
La machine à diffuser les idées	121

Quatrième partie
Comment les idées deviennent idéologies

Quand l'idée fait de l'idéologie	135
Conclusion Des idées pour aller au bout des siennes	143
Bibliographie	151
Index des notions	157
Index des noms propres	161
Table des matières	169

Introduction

Comment marchent les idées ? Pourquoi certaines ont-elles plus de pouvoir que d'autres ? Quel est le secret de l'« idée qui tue », la fameuse *killer idea* des Anglo-Saxons ? Comment aller au bout de ses idées ?

Ces questions sont mon quotidien. Je suis un accoucheur. Quelqu'un dont le métier consiste depuis vingt-cinq ans à mettre des idées au monde, à les faire grandir et se multiplier.

Les idées sont des êtres vivants. Toutes naissent, vivent et meurent. Chaque jour, des milliards d'entre elles surgissent. La plupart ne se concrétisent pas et tombent dans l'oubli. Et puis, soudain, l'une perce, jaillit. Elle existe. Elle prend son envol, discrètement ou bruyamment, en fonction de l'aléa des courants qu'elle rencontre. Elle devient opinion individuelle ou collective, minoritaire ou majoritaire, jusqu'à s'imposer parfois en idéologie.

Mais avant de s'imposer, comme toute créature vivante, elle a dû se transformer en fonction de son biotope et de sa confrontation avec les autres. Comme l'homme a dû apprendre à dominer son environnement pour survivre, c'est par l'affrontement que s'opère la sélection naturelle des idées. « Il faut toujours avoir deux idées : l'une pour tuer l'autre », écrivait Georges Braque[1]. Le combat d'idées est permanent.

Évoluant dans un milieu souvent hostile aux nouvelles venues, les idées sont autant le produit du contexte que le fruit de l'imagination de tel ou tel. Combien de fois voit-on exprimée par un autre une idée dont on aurait pu être l'auteur ? C'est l'effet de l'air du temps. Les idées qui circulent librement ont beau parfois être à peine perceptibles, elles n'en sont pas moins présentes.

Rien de plus passionnant que ces animaux étranges que sont les idées. Déformation professionnelle, comme les premiers naturalistes, je me suis pris à les épier dans leur milieu naturel, à les collectionner et à faire des observations sur leur comportement, sur la manière dont elles s'emparent des consciences et des conversations.

En effet, les idées reçues, les idées politiques, religieuses, culturelles, économiques ou sociales qui nous ont été inculquées ne sont pas là par hasard. Nous pouvons tous comprendre comment elles marchent, et, en retour, influencer le monde par nos idées. À condition de savoir comment elles éclosent, grandissent, s'imposent. Si la capacité de l'homme à produire des idées ne fait aucun doute, l'inverse est aussi vrai : les idées produisent, façonnent, identifient l'homme. Les religions sont construites autour de l'idée de Dieu et la philosophie cherche une idée de l'homme, tel qu'il se révèle à travers l'art et l'action.

L'idée de ce livre est de faire partager cette connaissance des idées que j'ai acquise au service des marques. La communication publicitaire est un microcosme assez représentatif du monde des idées et très instructif quant à leur mode de

---

1. BRAQUE, Georges, « Pensées sur l'art ».

transmission et leur mode d'action. Un peu comme les figures imposées du patinage artistique aident à progresser en figure libre, la communication des idées à des fins commerciales permet d'expérimenter et de comprendre les pratiques de diffusion de toutes les formes d'idées. La différence majeure réside dans la capacité des idées publicitaires à avoir du « carburant », de l'argent, pour se diffuser dans les médias.

Travailler chaque jour sur les idées permet de mieux comprendre leur fonctionnement, de leur naissance à leur extinction éventuelle. Si chaque idée se veut unique, l'ADN de chacune ressemble à celui de toutes. Les grandes idées philosophiques ou religieuses et les petites du quotidien ont beaucoup de points communs. Ceux-ci sont liés au fonctionnement de nos cerveaux et à l'environnement dans lequel ils baignent : la « noosphère », le monde des idées décrit par Teilhard de Chardin[1]. Nos idées vivent dans un même bouillon de culture. Un bouillon plein de pensées fumeuses ou fumantes, de théories, de convictions originales, de clichés et de courants d'opinions.

Si la plupart des idées naissent libres et égales en droits, leur croissance et leur épanouissement sont liés à leur capacité à traverser, pour les plus puissantes, le système médiatique. Le facteur chance est déterminant, mais il est aujourd'hui possible de maîtriser les points critiques de la diffusion, ceux qui font qu'une idée s'impose.

Le monde n'a jamais eu autant besoin d'idées. La crise financière, devenue économique et sociale, révèle et accélère la fin d'une époque et le passage à un nouveau monde. Si « la folie, c'est refaire toujours la même chose en en attendant des

---

1. TEILHARD DE CHARDIN, Pierre, *Le Phénomène humain*.

résultats différents[1] », alors, il nous faut aujourd'hui penser différemment pour construire autre chose. Plus que jamais, face au réchauffement climatique et à l'explosion démographique, la planète a besoin d'idées nouvelles.

Ce livre s'adresse à tous ceux qui ont des idées et veulent les voir triompher, mais aussi à tous ceux qui ne veulent pas se laisser imposer à leur insu les idées des autres. Il se veut un guide pour être moins souvent victime de mauvaises idées, et pour permettre aux meilleures de l'emporter.

---

1. BROWN, Rita Mae, *Sudden Death*.

Première partie

La société de communication et les nouvelles possibilités d'émergence des idées

De la communication en société à la société de communication

> « *Tout arrive par les idées ; elles produisent les faits qui ne leur servent que d'enveloppe.* »
> Chateaubriand, *Analyse raisonnée de l'Histoire de France*

Sur un écran géant, devant un public lobotomisé, Big Brother, d'une voie glaciale, parle : « Nous avons créé, pour la première fois dans l'histoire, le jardin de l'idéologie pure où chacun pourra s'épanouir à l'abri de la peste des vérités contradictoires et confuses. Notre unification de la pensée constitue une arme plus puissante que n'importe quelle flotte ou armée sur terre... » Arrive en courant une jeune sportive qui lance son marteau au cœur de l'écran. Au cri d'une foule libérée, Big Brother s'évanouit et apparaît une phrase : « *On January 24th Apple Computer will introduce Macintosh. And you'll see why 1984 won't be like '1984'* » (Le 24 janvier Apple Computer lancera le Macintosh. Et vous verrez pourquoi 1984 ne ressemblera pas à *1984*[1].)

---

1. Film conçu par l'agence Chiat\Day et réalisé par Ridley Scott.

Lorsqu'un jeune homme de 29 ans à l'allure de gamin facétieux, nommé Steve Jobs, a présenté en avant-première ce film à un public incrédule, il n'imaginait pas une société où chaque récepteur allait pouvoir devenir émetteur. Il ne savait pas à quel point l'avènement de l'informatique personnelle allait définitivement faire basculer le monde dans une société de communication.

Et pourtant, moins d'une quinzaine d'années plus tard, Internet est arrivé. Et avec lui, l'avènement d'une société de communication au plein sens du terme dans son étymologie latine, *communicatio* : mise en commun. Communiquer, c'est créer du commun. Chacun est désormais relié à tout le monde. Tout cela grâce à un réseau de machines, de câbles et d'ondes. La connaissance et les idées circulent désormais de manière instantanée. Ici et maintenant.

LA SOCIÉTÉ EN LIGNE

Internet est un outil formidable. Grâce à lui, n'importe qui peut fédérer 10, 100, 1 000 personnes autour de son idée et très vite constituer un potentiel contre-pouvoir. Le site communautaire Facebook, par exemple, permet à ses utilisateurs d'afficher leur « profil » personnel et de rejoindre les « groupes » de leur choix. Arts et divertissements, géographie, Internet et technologie, musique, sports et loisirs, étudiants, entreprises ou « *Just for fun* » (Juste pour le plaisir), chacun peut y trouver ce qui lui plaît. Facebook est un fabuleux révélateur de l'attractivité des idées, de leur capacité à rassembler. Le groupe *15,000,000 Strong for Lower Gas Prices* (15 millions de personnes pour que les prix du pétrole baissent) a réussi à réunir 2 millions de personnes en deux mois au cours de l'été 2008[1]...

---

1. Le groupe a depuis été supprimé.

Un utilisateur anglais de Facebook a eu l'idée d'une expérience pour mesurer la popularité de deux idées opposées. Il a lancé le même jour deux groupes rivaux à propos de la loi interdisant la cigarette dans les pubs. En moins de six mois, le groupe des « pour le retour du tabac dans les *pubs* » (*Can we Find 1 Million People That DO Want Smoking Back in Pubs*) a rassemblé 328 394 membres[1], soit l'équivalent des adhérents d'un parti politique comme l'UMP en France[2]. Mais il était devancé par le groupe des « contre » (*Can we Find 1 Million People that DON'T Want Smoking Back in Pubs*[3]) fort de ses 500 508 membres. Un test simple et efficace pour juger de l'adhésion à une idée ! Internet peut mesurer en permanence la popularité de toutes sortes d'idées. Un journal comme *Le Figaro* l'a compris, qui tous les jours pose une question *via* Internet à ses lecteurs, et dont la réponse est publiée dans l'édition papier.

La Toile est aussi en train de transformer la politique. La dernière présidentielle américaine s'est jouée en partie sur elle. Grâce au Net, Barack Obama a pu rassembler 1,2 million de militants, réunis en plus de 35 000 groupes locaux, qui ont mis en place 200 000 événements permettant de toucher (en face à face ou par téléphone) 68 millions d'Américains, soit plus de la moitié des électeurs. Obama a reçu des dons de 3 millions de personnes grâce aux nombreux outils de collectes de fonds de MyBO.com. Le citoyen américain pouvait verser son obole en quelques clics, mais aussi se fixer un objectif de collecte. Il pouvait bombarder ses amis de courriels pour les inviter à s'inscrire et voir ainsi le niveau de son *fundraising*

---

1. Au 1er août 2008.
2. Site Internet UMP, www.u-m-p.org.
3. Au 1er août 2008.

thermometer grimper à chaque contact réussi. Obama a levé environ 500 millions de dollars grâce à Internet, avec un don moyen de seulement 80 dollars par donateur[1].

Qui le connaissait deux ans plus tôt ? Avec le Web, ce qui prenait des années pour une association militante de base ou un parti politique alternatif peut désormais être réalisé rapidement et à faible coût. Les verrouillages, comme ceux de l'accès à la télévision, cèdent progressivement. Le changement est considérable. On est bien entré dans une nouvelle dimension de la société de communication.

Après la révolution de l'imprimerie, des transports, et de la télévision, la révolution digitale continue de transformer le monde et d'accentuer la globalisation de la planète, en accélérant les échanges et le partage d'information. Après avoir pris l'avion pour se déplacer physiquement, et utilisé la télévision pour « déplacer leur culture », les hommes et leurs activités se mondialisent. Des entreprises de plus en plus multinationales produisent des objets de plus en plus identiques et diffusent, telles Coca-Cola ou Marlboro, leurs idées et leur culture au monde entier.

L'AGORA PLANÉTAIRE

Certes, la société de communication a toujours existé. La Grèce antique en présentait déjà une forme complexe. À Athènes au IVe siècle avant Jésus-Christ, tous les citoyens participaient au gouvernement de la Cité *via* l'*agora*, la place publique, et l'*ekklesia*, assemblée où la parole était ouverte à tous. Les idées et la manière de les exprimer étaient primordiales :

---

1. FERRAND, Olivier (dir.), *Moderniser la vie politique – Innovations américaines, leçons pour la France.*

chacun pouvait défendre la sienne, et, sur un simple vote à main levée, elle pouvait se transformer en loi. D'où l'importance accordée à l'art oratoire, le succès des pièces de théâtre, véritables satires politiques, ou l'influence considérable acquise par les grands sophistes. Mais la communication ne s'exerçait efficacement qu'au sein du monde grec. Ceux qui se trouvaient à l'extérieur, les barbares, n'existaient pas, ou si peu. Le barbare (*barbaros*) est justement celui que l'on ne comprend pas, qui, quand il parle, fait « bar-bar », équivalent grec de notre « bla-bla »). L'étranger est défini comme celui avec lequel on est dans l'incapacité de communiquer.

Aujourd'hui, cette barrière est abolie : comme le clame Sertorius dans la tragédie de Corneille, « Rome n'est plus dans Rome, elle est toute où je suis[1] ». Une personne réside de manière ubiquitaire dans plusieurs mondes en même temps. Nous sommes entrés dans une « méta-société » où l'on vit ce qui se passe dans son village, dans sa rue, dans son agora mais aussi dans celle du monde entier. La mondialisation est un phénomène économique et financier, mais surtout communicationnel et culturel.

LE MYTHE COMMUNICATIONNEL

Cette société de communication a d'abord été théorisée de manière critique au début du siècle dernier par des penseurs d'inspiration marxiste comme Adorno ou Marcuse. Puis elle a été objectivée par les cybernéticiens à commencer par Norbert Wiener, qui, en 1950, déclare que « tout le réel peut s'interpréter en termes de communication et d'informations[2] ». Elle

---

1. CORNEILLE, *Sertorius*.
2. WIENER, Norbert, *Cybernétique et société*.

fut enfin popularisée dans les années 1970 par les œuvres de théoriciens des médias comme, Marshall McLuhan[1] ou Guy Debord[2] qui mettent en évidence que « l'idéologie de la consommation devient consommation de l'idéologie[3] ». Pour Erik Neveu, la société de communication est un « mythe », dont « l'annonciation [...] s'articule autour de cinq promesses : abondance, démocratisation, autonomie des individus, mondialisation, contraction de l'espace-temps[4] ». Le mythe devient chaque jour davantage réalité.

UN MONDE SANS BARRIÈRE

Que l'on y soit favorable ou non, le développement des écrans de télévision, d'ordinateur, de téléphone est l'accélérateur ultime du partage culturel. On intègre mieux ce que l'on voit que ce que l'on lit. Chacun, s'il ne se perd pas dans le flux d'informations, peut être mieux informé pour maîtriser le monde qui l'entoure et s'y épanouir. L'information joue un vrai rôle démocratique : elle permet aux Chinois de connaître le monde qui existe derrière la muraille de Chine de la censure. Et pendant que les autorités de Pékin s'évertuent à essayer de contrôler Internet, une équipe de chercheurs canadiens invente un logiciel *peer to peer*, Psiphon, pour déjouer la censure en s'appuyant sur des « réseaux de confiance » d'internautes amis dans des pays non censurés. Si tout pouvoir appelle son contre-pouvoir, toute idée amène sa « contre-idée ». Des internautes chinois ont inventé un nouveau « sport », le *renrou sousuo* que l'on peut traduire par « moteur

---

1. McLUHAN, Marshall, *Pour comprendre les médias*.
2. DEBORD, Guy, *La Société du spectacle*.
3. VANEIGEM, Raoul, *Traité de savoir-vivre à l'usage des jeunes générations*.
4. NEVEU, Erik, *Une société de communication ?*

de recherche à chair humaine », qui vise à traquer *via* Internet les internautes dont le comportement serait jugé politiquement incorrect par la communauté[1]. Sur Internet, comme ailleurs, le pire côtoie le meilleur.

La société de communication permet de tout partager en temps réel, au travers des écrans. Elle promeut les aspirations les plus universelles. Elle donne une réalité au « village planétaire » de McLuhan[2].

Cela ne conduit pas forcément à la disparition des cultures locales, bien au contraire, comme l'a montré le succès du film *Bienvenue chez les Cht'is*. L'individu ne peut pas vivre durablement dans un monde trop grand qui le domine totalement. Dans une société complexe, chacun a besoin de points fixes, une maison, une région, un pays. La popularité des maires et des élus locaux vient de là, mais aussi celle de McDonald's, quand l'entreprise américaine accepte de « localiser » sa nourriture et de s'adapter à la culture du pays où il s'implante.

Le cerveau de chacun a besoin d'être nourri par son ancrage local pour ne pas être déraciné, « *lost in translation* », dans le monde globalisé. « Trop » peut conduire au trop-plein, l'homme a toujours besoin de reprendre la maîtrise du flot d'images et d'informations qu'il reçoit. La meilleure manière de s'adapter à la nouvelle donne de la société de communication, c'est de s'en servir, à sa propre échelle…

La communication ? Les humains n'ont rien trouvé de mieux pour survivre. Elle est nécessaire à l'humanité. La société peut désormais partager les mêmes enjeux au même moment pour pouvoir résoudre ses problèmes.

---

1. « Virtual carnivores », *The Economist*, 2 octobre 2008 (article non signé).
2. McLUHAN, Marshall, *The Global Village, Transformations in World Life and Media in the 21th Century*.

Des bidonvilles aux banlieues résidentielles, chacun peut partager ses inquiétudes, ses espoirs et pourquoi pas ses solutions avec le monde entier. Des mouvements planétaires se créent ainsi autour de la lutte contre le réchauffement climatique ou la pauvreté.

On peut regretter, bien sûr, que la société de communication soit gouvernée par l'économie (et, en son cœur, la finance) et non par la politique. Alors que l'information est un fondement de la démocratie, la société de communication conduit trop souvent à une forme de dépolitisation où les groupes d'intérêts particuliers l'emportent sur l'intérêt général, faute de gouvernance mondiale. Les limites du pouvoir onusien ne lui permettent pas d'investir l'espace communicationnel mondialisé. La planète ne se mobilise qu'après des drames humanitaires, tremblements de terre ou tsunamis. Il a fallu deux guerres mondiales pour mettre l'ONU sur les fonts baptismaux. Il a fallu une crise financière majeure en 2008 pour que la question de la régulation et de l'éthique du capitalisme se trouve enfin posée.

Les systèmes politiques nationaux n'ont pas su s'adapter au nouveau monde. Le politique aujourd'hui a un raisonnement construit sur du local, ou du national, et non sur du multinational ou du global. Il continue à parler aux jeunes urbains de leur rue, de leur pays alors qu'eux vivent déjà pleinement dans le village planétaire. Ils communiquent avec MSN, MySpace, Facebook ou Twitter, portent le même *jean*, possèdent le même baladeur, vont voir les mêmes films et partagent les mêmes émotions. S'ils sont si sensibles à l'écologie et à l'humanitaire, c'est qu'ils pensent déjà à l'échelle du globe. Ils sont mûrs pour être emportés par un courant idéologique mondial. Si Bono, le leader de U2, lançait un mouvement politique, il serait peut-être à la tête du plus puissant du monde.

Il le démontre quand il essaie d'aider l'Afrique : il a une immense capacité d'entraînement. Le *star system* n'a pas que des effets négatifs...

L'ÉGALITÉ MÉDIATIQUE

La culture purement télévisuelle du siècle dernier était à sens unique, au risque de transformer les spectateurs en légumes dotés de la seule capacité de zapper les mêmes programmes. Avec l'arrivée d'Internet, le paradigme est nouveau. Tout ce qui était consommation passive s'active. Une pétition à l'échelle mondiale, rien de plus long et fastidieux quand il s'agit de quémander des signatures dans la rue. Une pétition sur Internet demande beaucoup moins d'efforts. Un petit clic et la bouteille est lancée. La société de communication de l'Internet à haut débit permet de promouvoir ses idées et d'agir à l'échelle du globe.

La société télévisuelle conduisait à l'absolue passivité. La société de l'Internet est interactive. Une petite idée, dans ce nouveau système, peut avoir un incroyable destin. Celle, saugrenue, qui consiste à mettre des bonbons Mentos dans du Coca Light pour déclencher de spectaculaires geysers[1] a été visionnée par plus de 10 millions de personnes[2]. *Evolution of Dance*, la vidéo amateur la plus regardée sur la Toile, qui met en scène un homme dansant sur un pot-pourri de chansons à succès, a été visionnée plus de 120 millions de fois sur YouTube depuis sa mise en ligne en avril 2006, soit l'équivalent du nombre d'entrées aux États-Unis réalisées par *Titanic*, le

---

1. TERHUNE, Chad, VRANICA, Suzanne, « Mixing Diet Coke and Mentos makes a gusher of publicity ».
2. GRAHAM, Jefferson, « Posters reap cash rewards at video-sharing site Revver ».

film le plus vu de l'histoire du cinéma... Preuve, s'il en est, que dans ce grand bouillon de culture il y a à boire et à manger. Mais les techniques utilisées pour relayer des idées futiles peuvent aussi servir des causes utiles.

Si chaque idée peut être diffusée beaucoup plus vite à beaucoup plus de monde, il devient aussi beaucoup plus facile pour chacun de générer et de fédérer un contre-pouvoir. Avec un blog, on peut défier la marche du monde. Zola avait la presse quotidienne pour clamer son « J'accuse », de Gaulle la radio pour lancer son appel du 18 juin ; avec Internet, chacun désormais peut résister depuis le McDo du coin – équipé en Wi-Fi...

Quand toute la planète sera connectée en haut débit, le mensonge politique, le mensonge d'État aura plus de mal à triompher. Des pouvoirs continueront d'essayer de manipuler. Mais il sera difficile de produire de fausses images si quelqu'un peut immédiatement produire la vraie de manière crédible et légitime. C'est déjà le cas.

Le 10 juillet 2008, l'Iran a annoncé un essai de missiles nouvelle génération. La photo diffusée par les médias officiels de Téhéran montrait quatre fusées au décollage. Mais, rapidement, plusieurs blogueurs ont remarqué des anomalies sur l'image : l'un des missiles avait été purement et simplement rajouté à l'aide d'un logiciel de retouche numérique[1]. La véritable photo a fini par apparaître : on y voyait clairement qu'un des tirs avait échoué... Dans un monde où chacun a la capacité de réagir et de fédérer, la manipulation peut être plus facilement déjouée.

Au cœur de la société de communication, l'homme dispose comme jamais auparavant de moyens pour diffuser ses idées.

---

1. NIZZA, Mike, LYONS, Patrick J., « In an Iranian image, a missile too many ».

Pour le meilleur, quand ils permettent de lever des fonds pour de grandes causes humanitaires, ou le pire, quand ils répandent les thèses d'Al-Qaida.

Aujourd'hui plus que jamais toutes les idées ont leur chance.

Du vivant des idées aux idées sur le divan

> « Ce ne sont pas les êtres qui existent réellement et sont par conséquent susceptibles d'expression mais les idées. »
> Marcel Proust, *À la recherche du temps perdu*, *Le Temps retrouvé*

Les idées sont vivantes. C'est pour cela que l'on s'y attache. Souvent, on parle d'elles comme d'abstractions alors qu'elles sont bien réelles. Ne dit-on pas que l'on accouche d'une idée ? Preuve qu'il en va d'elles comme des humains : une idée, ça ne se fait pas tout seul, c'est le fruit d'une rencontre, d'un « coït de neurones », disait le publicitaire Philippe Michel[1].

Parfois les neurones d'un seul individu procréent. Un matin, devant sa glace, on a une idée en se rasant (d'ailleurs, cela arrive souvent aux créatifs ou aux candidats à la présidence de la République de trouver les idées le matin devant leur miroir). Le plus souvent, l'idée naît de la friction de neurones des uns et des autres. On a toujours plus de chances de produire des

---
1. MICHEL, Philippe, THÉVENET-ABITBOL, Anne, *C'est quoi l'idée ?*

idées collectivement, d'où les séances de *brainstorming* dans les entreprises…

Parfois une idée peut venir très vite, parfois elle met très longtemps. Il y a des idées mal nées, malformées ou pas finies. Mais qu'est-ce qu'une bonne idée sinon un potentiel ? Tout le contraire d'un objet fini. Un potentiel d'adhésion, de cristallisation de l'opinion. Trop souvent, on regarde les idées comme une photo alors qu'il faut les penser comme des films, avec un début, un milieu et une fin. Leur force doit être jugée à l'aune de leur dynamique, à la manière dont elles vont tracer leur sillon.

LA LUTTE DE L'IDÉE

Il n'y a pas de bonne idée en soi. Il en est qui ont du potentiel ou pas. La capacité d'une idée à percer dépend de paramètres exogènes. Elle ne prend consistance que par rapport à un système qui l'intègre.

Par exemple, la « démocratie participative », dont Ségolène Royal avait fait son cheval de bataille pour la présidentielle de 2007, n'est pas une bonne ou une mauvaise chose. L'expression de cette idée a une dynamique. Elle a « scotché » l'opinion, comme en son temps la « fracture sociale » de Jacques Chirac. Si elle n'a pas suffi pour donner la victoire à la candidate de gauche, c'est parce que ses amis socialistes l'ont parasitée. Et parce que en face d'elle se trouvait un Nicolas Sarkozy pressé de démontrer qu'il était plein d'idées pour réformer le pays.

Une même idée, par exemple manipuler les gènes d'un organisme vivant, a un potentiel très différent selon qu'on l'applique pour produire des petits pois rouges, ou pour un enzyme capable de bloquer le virus du sida. Mais, mécaniquement, les idées fonctionnent toutes pareil. Politique ou marketing, l'idée est projet et projectile. Elle n'a qu'un objectif : détruire la précédente, la déplacer pour prendre sa place et occuper l'espace.

Petites, grandes, étroites, marginales ou essentielles, les idées sont influencées par le contexte. Et leur devenir dépend de la manière dont on les lance et les habille. Grâce à un certain nombre d'astuces employées tous les jours dans la communication commerciale – et souvent en politique –, on peut conférer plus de puissance à telle ou telle, lui donner une plus forte vitalité.

Certains d'entre nous sont très forts pour produire des idées neuves, et d'autres plus doués pour les traiter. Il y a des chercheurs qui trouvent les nouvelles formules et des gens qui les mettent en forme. Il y a des apporteurs d'idées et des habilleurs, des promoteurs qui les rendent exploitables. La plupart du temps, c'est le travail des deux qui donne sa pleine valeur à l'idée. Parfois, des talents réussissent la synthèse à eux tout seuls, comme Galilée, Newton, Pasteur ou Einstein ou, dans un registre plus léger et contemporain, le designer Philippe Starck ou le photographe Oliviero Toscani. Mais, la plupart du temps, il faut s'y mettre à plusieurs. Un Yves Saint Laurent a besoin de son Pierre Bergé pour réussir.

Prenons le domaine littéraire. Dans un succès littéraire comme celui d'*Harry Potter*, le talent du créateur, bien sûr, est à la base de tout. Mais l'éditeur joue aussi un rôle car il est maître de la mise en scène éditoriale, du marketing de l'idée. En décidant du rythme de parution, des informations à donner sur l'auteur, de la licence cinématographique, de la logique de lancement événementiel par exemple. Certains auteurs, tels Dan Brown ou Marc Lévy, ont également compris qu'ils pouvaient, par un marketing des idées, transformer l'écriture en un business durable.

LE BOUILLON DES CULTURES

La noosphère, ce monde peuplé d'idées invisibles à l'œil nu, mais qui imprègnent nos cerveaux en permanence comme une éponge, est très encombrée, pour ne pas dire surpeuplée. Y cohabitent des opinions, des inventions, des pensées, des connaissances, des théories, des doctrines, des mythes ou des idéologies.

Certaines idées en cachent d'autres. Les dominantes du moment masquent les marginales. Le dogme de la croissance économique écrase aujourd'hui l'école de pensée altermondialiste de la décroissance. Un peu comme une étoile qui par sa brillance efface ses voisines. On peut même être aveuglé par une idée au point de ne pas être capable de reconnaître ce qui la contredit. La foi dans le communisme a empêché longtemps certains de voir les dérives du stalinisme, goulags inclus.

Les idées sont liées les unes aux autres, un peu comme les atomes. Comme l'écrit le sociologue Edgar Morin : « Une idée isolée n'a pratiquement pas d'existence[1]. » Le bouillon de culture des idées dispose d'une infrastructure (de systèmes d'idées) qui permet aux idéologies de s'établir de manière stable et de se renforcer dans le temps. Ces éléments structurels de stabilité sont dans la « marmite commune », mais aussi dans les cerveaux de chacun : on ne « voit » pas (ou plutôt on ne « croit » pas) de la même façon la noosphère, selon que sa foi est politique ou religieuse. Toute idée nouvelle est interprétée par chaque cerveau à l'aune de ses convictions préalablement établies, de ses représentations du monde. On ne réagit pas de la même façon à l'idée d'autoriser (ou d'interdire) le foulard islamique à l'école selon que l'on est de droite

---
1. MORIN, Edgar, *La Méthode*, tome 4 : *Les Idées*.

ou de gauche, athée ou religieux, de confession chrétienne ou islamique, français habité par la laïcité ou habitant d'un autre pays pour qui la séparation de l'Église et de l'État n'est pas un élément essentiel de la nation moderne. Si les Français sont majoritairement favorables à l'interdiction du foulard à l'école, un vote établi auprès de tous les visiteurs du monde entier dans la maison d'Anne Frank à Amsterdam donne 73 % de personnes favorables à son... autorisation.

Mais si le système intègre des éléments de stabilité (opinions dominantes, croyances ancrées, idéologies...), le bouillonnement permanent des idées confronté à « l'air du temps » le rend instable et autorise des changements de position. Tout comme l'atmosphère est soumise à des variations climatiques, la noosphère subit des courants, des tempêtes, des variations qui en modifient l'état en permanence dans des réactions en chaîne. En effet, beaucoup d'idées sont dépendantes les unes des autres. Et la modification d'un élément peut entraîner celle de beaucoup d'autres. L'idée du « trou dans la couche d'ozone » puis celle du réchauffement climatique ont permis à celle encore marginale de développement durable de s'imposer et de modifier, du coup, des attitudes et des comportements, donnant naissance à de multiples idées nouvelles.

La bataille des idées est permanente pour occuper les cerveaux. L'idée gagnante est celle qui s'ancre de la manière la plus durable chez le plus grand nombre. Celle que l'on voit une seule fois et dont on se souvient toute sa vie, comme de son premier rapport sexuel, est une idée magique.

Mais il faut avoir l'humilité de reconnaître que des idées géniales risquent d'être remplacées par d'autres, bien plus géniales, et l'intelligence de ne pas oublier que des idées qui apparaissent modestes peuvent être appelées à un grand avenir. Le destin d'une idée n'est pas écrit. Certaines meurent alors qu'elles sont justes et fortes. Pourquoi n'ont-elles pas réussi à percer ? Avaient-elles un *bug* au départ ?

L'émetteur joue toujours un rôle décisif : une très bonne idée émise par Nicolas Sarkozy ou Ségolène Royal a plus de chances d'avoir de la portée que la même émise par Marie-George Buffet ou Philippe de Villiers. Un très bon livre signé par un auteur célèbre se diffusera plus vite qu'un excellent livre signé par un inconnu. Le facteur « temps » est essentiel. Comme dans la stratégie militaire, il y a une prime à la rapidité.

Des idées médiocres, fausses, condamnables peuvent se propager, là où d'autres, vraies, justes, positives disparaissent avec la mort de celui qui n'a pas su les transmettre. La diffusion d'une idée n'atteste ni de sa valeur, ni de son bien-fondé, ni de sa vérité. Mais une idée ne triomphe que lorsqu'elle est considérée comme vraie ou juste, même quand elle ne l'est pas. D'où l'importance de matérialiser l'idée, de l'incarner pour lui accoler cette part de « vérité » essentielle. Une idée doit produire des preuves pour nourrir son existence et assurer sa pérennité.

POURQUOI CROIT-ON ?

Quand on veut imposer une idée, il faut la concrétiser. Plus elle devient tangible, plus le public y croit. Cela explique pourquoi les hommes politiques écrivent autant de livres. Pourquoi la religion s'incarne dans autant de signes : écrits sacrés, églises, prêtres, rites. Autant d'éléments de pérennisation et de propagation de l'idée originelle qui rendent plus complexe sa critique. Il est moins simple de remettre en cause *Le Capital* de Karl Marx ou la Bible qu'un simple article de journal. À force d'être concrète, l'idée finit par acquérir l'apparence de la vérité. Elle finit par s'imposer à la réalité. D'où le succès historique des religions à l'exemple du christianisme. Les miracles ont-ils vraiment existé ? Ils ont été attestés, en tout cas, par des gens crédibles qui les ont racontés par écrit. Ce qui explique que l'on puisse encore y croire aujourd'hui.

Le public ne se laisse pas manipuler pour autant. Le convaincre d'une nouvelle idée est extrêmement difficile parce que chacun s'accroche à ses convictions antérieures. Notre cerveau préfère le confort de la convention à l'inconfort de l'idée neuve.

On croit parce qu'on a intérêt à croire. Pascal a eu raison de parier. Je crois à la religion parce qu'elle me permet d'échapper au grand vide de ma condition de mortel. Je crois que ma lessive lave plus blanc parce que cette illusion de pureté me rassure.

TEMPS DE CERVEAU ACTIF

Le cerveau fonctionne de manière utilitariste. Il maximise en permanence ses intérêts et lutte contre les idées qui le mettent dans l'inconfort. Mais ce travail laisse une trace. Les communicants savent que plus ils font travailler les gens et plus l'idée s'ancrera dans leurs cerveaux.

C'était tout l'esprit de Philippe Michel, le meilleur théoricien français de la communication publicitaire. Il laissait le spectateur effectuer 50 % du travail. Quand il écrit : « Merci qui… » pour que les gens répondent : « Mamie Nova », c'est bien plus efficace que s'il avait dit : « Mamie Nova fait les meilleurs yaourts. » Les gens retiennent davantage une idée s'ils mettent leur cerveau à contribution. Un travail est nécessaire pour ancrer l'idée. Et cela ne vaut pas que pour le court terme. Un exemple : les jeunes ne rêvent pas d'un caméscope. Pourtant ils voient la publicité de Sony : « J'en ai rêvé, Sony l'a fait. » Ils l'enregistrent dans un coin de leur tête. Et puis le jour où ils se marient et ont des enfants, ils sont influencés par cette idée qu'ils avaient laissée dans un coin de leur cerveau.

ÉDUCATION COMMUNICATIONNELLE

Cette perméabilité, dès le plus jeune âge, incite à s'interroger sur les moyens de protéger les enfants de l'influence des messages qui ne leur sont pas destinés. D'où l'importance de leur enseigner, dès l'école, les mécanismes de la communication de la société dans laquelle ils vivent. Afin qu'ils puissent les maîtriser, et en jouer, en connaissant les règles du jeu. Si une idée « subversive » leur arrive qui se trouve aux antipodes des valeurs que leur ont inculquées leurs parents, leur cerveau va se mettre à travailler pour redéfinir son intérêt. Fumer est mauvais pour ma santé, mais m'aide à m'affirmer : ma liberté est-elle plus importante que les risques pour ma santé ? Libre à moi de mourir plus jeune, libre à moi de me suicider… L'individu a tendance à hiérarchiser les idées qui l'intéressent en fonction des avantages qu'il en espère.

Encore une fois, il n'y a pas de sphère plus démonstrative que la religion. Elle répond aux questions sur la mort, sur le bien et le mal. Et sa force est de s'énoncer comme une vérité générale qui répond aux interrogations particulières. C'est l'effet bingo. Jésus était bien un publicitaire de génie.

Deuxième partie

Les conditions d'émergence de l'idée : contexte, force subversive, porte-parole et lancement

Contexte, un jour, contexte toujours

> « À quoi bon persister dans nos idées quand tout change autour de nous ? »
> Goethe

Créer une idée à partir de rien est impossible. Une idée n'arrive pas de nulle part, vierge de toute inspiration. Elle s'extrait d'une matière première – les Anglo-Saxons parlent de *food for thought*, de « matière à pensée ». Elle est le résultat d'une collision, d'une confrontation avec les idées et opinions existantes, dans un contexte culturel donné.

LA RÉACTION CRÉATRICE

Les idées sont d'abord le fruit de leur époque. Même les plus visionnaires, issues de l'imagination féconde d'un Léonard de Vinci ou d'un Jules Verne, sont marquées par leur temps. Pour créer, on part toujours de ce que l'on connaît, et le plus souvent des manques et des lacunes de l'existant ou de ses excès. Plus une idée domine, plus elle appelle, en réaction, une idée alternative. Les excès de la mondialisation appellent l'altermondialisme.

Les grandes religions ou les mouvements politiques fonctionnent de la sorte. Le marxisme est une réponse à la condition ouvrière au XIXe siècle, le mouvement hippie, la conséquence de la guerre du Vietnam, et le keynésianisme, la réponse à la crise de 1929...

Le choc colonial et l'opposition à l'occupation britannique en Égypte engendrent le premier mouvement islamiste du siècle, celui des Frères musulmans de 1928. La guerre des Six Jours relance le mouvement islamiste dans les années 1970.

Cette logique de réaction créatrice peut être indirecte. L'existence de la photographie contribue à faire émerger l'impressionnisme, et le cinéma inspire le cubisme, cette capacité à représenter sur un même plan différentes facettes d'un même sujet. Très souvent, une innovation en appelle une autre. Les travaux de Freud sur l'inconscient ont inspiré le surréalisme. Et c'est encore plus vrai des inventions reposant sur un progrès technique ou technologique. Internet a libéré toute une série d'innovations en chaîne.

Les idées sont le produit d'un contexte. Plus elles s'en nourrissent pour mieux s'en extraire, plus elles sont fortes. Seules les plus puissantes décollent. Une idée qui ne fait pas parler ou agir est une idée morte. Si elle n'est que statique, elle ne naviguera pas de cerveau en cerveau, elle disparaîtra vite dans le grand bouillon des idées sans futur. Innombrables sont les idées neuves mises sur Internet chaque jour dans le monde. Mais combien parviennent à prendre leur envol ? Une idée doit avoir une force pour décoller et trouver sa place dans un autre espace.

UN PARI SUR LE FUTUR

Les idées fortes ne se contentent pas de transformer l'espace existant, elles ouvrent un nouvel espace. Dans leurs séances de créativité, les agences de communication cherchent à penser « en dehors de la boîte » de départ pour trouver une idée dans une autre sphère, une autre logique, une autre dimension. Décalages temporel et spatial permettent de créer la distinction, une différence par rapport à l'état actuel. Il n'y a de vraies idées que s'il y a décalage par rapport à l'existant.

Les plus fortes sont celles qui anticipent le mieux le futur, pour mieux le redessiner. La plupart des personnes qui font fortune ont compris qu'un mouvement dans l'environnement ou dans l'opinion allait se produire et ont décidé de profiter de l'opportunité. Par exemple, beaucoup ont développé des services sur Internet, en attendant que le public et les clients les rejoignent. Et même si le marché s'y est pris à deux fois entre les années 2000 et aujourd'hui, ceux qui ont eu les moyens de tenir la distance ont gagné.

L'idée à fort potentiel est une forte anticipation. Mais, comme disent les Américains : « *High risk, high return.* » C'est en augmentant le risque que l'on augmente le retour sur investissement. Ce sont souvent les gens qui ont osé parier sur le potentiel d'une idée qui gagnent. Jean-Claude Decaux l'illustre à sa façon. Son concept d'Abribus et de mobilier urbain était tellement novateur que le marché a tardé à l'accepter. Aujourd'hui, son succès est mondial et l'expression la plus récente est la réussite du Vélib' à Paris. Decaux a eu la rage de tenir le temps nécessaire pour que l'époque rejoigne son idée.

RÉSISTANCE AU CHANGEMENT

Parfois, une idée, aussi géniale soit-elle, ne perce jamais, victime de la résistance au changement de son environnement. Everett M. Rogers, auteur du livre anglo-saxon de référence,

Diffusion of Innovations[1], cite l'exemple étonnant du clavier de Dvorak. Professeur de l'université de Washington, il décida en 1932 de créer un clavier de machine à écrire beaucoup plus performant que celui communément appelé AZERTY (en anglais QWERTY), du nom des premières lettres de la première ligne qui le composent. Il avait été inventé en 1873 par Christopher Latham Sholes pour freiner les dactylos, qui avaient tendance à taper à un rythme trop rapide, provoquant ainsi des pannes de machine. Lorsque les machines furent suffisamment rapides et robustes, Dvorak dessina donc un clavier tenant compte du réel usage statistique de chaque lettre en anglais et de leur enchaînement naturel. La « disposition Dvorak », qui place sur la deuxième ligne les lettres AOEUIDHTNS, garde 70 % de la frappe sur cette ligne et donne 56 % des touches à la main droite, là où le clavier conventionnel en fournit 57 % à la main gauche – alors que 90 % de la population est droitière. Bref, la performance est incontestablement supérieure. Le système a failli être adopté par l'administration fédérale américaine. Mais l'étude menée en 1956 par la General Services Administration, conduite sur un échantillon composé de dactylos expérimentées et habituées au format QWERTY, donna des résultats mitigés. Résultat : le projet fut enterré.

La résistance au changement avait fait le reste : racheter les machines, former à nouveau les dactylos, changer les habitudes, demandait trop de temps, d'argent et d'efforts. Le format reste disponible en option sur la plupart des systèmes d'exploitation des ordinateurs modernes, mais il est tombé dans l'oubli. Et voilà comment, quatre-vingts ans après, alors que la population mondiale s'est largement mise au clavier du

---

1. ROGERS, Everett M., *Diffusion of Innovations*.

fait de l'avènement de l'ordinateur, nous utilisons tous le clavier le moins performant !

Les grands créateurs sont ceux qui sont capables de défendre leur idée jusqu'à ce que le marché leur donne raison. Mais on peut aussi mourir avec une bonne idée qui n'aura jamais trouvé son public. Vincent Van Gogh, qui inspira l'expressionnisme et le fauvisme, a disparu dans le plus complet dénuement en n'ayant vendu qu'une seule toile de toute sa vie[1]. John Kennedy O'Toole avait raison de croire à la « conjuration des imbéciles » qui étouffe les génies : son roman éponyme[2] ne connaîtra le succès qu'après son suicide.

LA MÉTÉO DES IDÉES

Quand l'environnement dominant est saturé de conventions, il faut anticiper la rupture. Tout excès appelle son contraire. Quand tous regardent vers le Nord, il faut regarder au Sud. Il faut savoir lire la vague qui annonce une lame de fond sur laquelle on va pouvoir poser une idée neuve. Toute tendance nouvelle dans les attitudes, les opinions, les comportements crée des opportunités d'innovation. Les marques qui ont identifié très tôt l'importance croissante de la santé dans la vie des gens parce qu'ils vivent plus vieux se sont ouvertes un potentiel considérable. Danone, par exemple, a changé sa communication dans les années 1980 pour devenir non plus un fabricant de yaourts, mais un fournisseur « d'alicaments », de médicaments de l'alimentation... Ceux qui anticipent le mieux le changement d'époque en profitent le plus. On le voit

---

1. *La Vigne rouge* (huile sur toile, 1888, musée Pouchkine, Moscou), exposée et vendue à Bruxelles en 1890, année de la mort du peintre, pour 400 francs de l'époque (environ 800 euros).
2. O'TOOLE, John Kennedy, *La Conjuration des imbéciles*.

aujourd'hui en matière d'environnement. Les acteurs du « *green tech* », qui ont parié sur la montée de la conscience environnementale, seront les entreprises gagnantes des prochaines années. Mais combien sont restés sur le carreau à la fin du siècle dernier parce qu'ils sont partis trop tôt ?

Pour les idées, comme pour la navigation aérienne, il faut se prémunir contre la versatilité de la météo. Un avion qui décolle ne va pas ressentir les mêmes effets si le temps est clair ou le plafond bas et lourd. Beaucoup d'idées n'atteignent pas le dessus des nuages, une pleine visibilité, parce que leur géniteur a sous-estimé le rôle catalyseur de l'environnement qui peut faire s'écraser l'avion en bout de piste sur un coup de vent inattendu. L'explosion de la bulle Internet en 2000 a brutalement coupé les vivres de beaucoup d'entreprises digitales au réel potentiel.

Un mauvais courant peut aussi décaler une idée. Quand elle ressort du nuage, elle est perdue dans un univers qui n'est plus le sien. La marque de vêtement anglaise Burberry s'est ainsi retrouvée complètement emportée par les hooligans qui s'étaient emparés d'elle pour en faire une marque différente de ce qu'elle était depuis des années, et de ce qu'elle avait envie de devenir… La même mésaventure est arrivée à Lacoste dans les années 1990, récupérée par les gamins de banlieue, au risque de ne plus séduire sa clientèle bourgeoise historique. L'environnement politique, social, économique ou culturel peut déplacer une idée. Il agit aussi sur les pensées et les attentes de l'opinion et il est indispensable d'en tenir compte.

L'ÉTAT D'ESPRIT DU RÉCEPTEUR

Communiquer, c'est poser une passerelle entre l'émetteur et le récepteur. Parce qu'il est très compliqué en tant qu'émetteur d'avoir de la distance sur soi-même et de comprendre quel est l'état d'esprit exact du récepteur, le mieux est de faire appel à un conseil en communication, ou à une agence dont c'est le métier – et hop, un petit coup de pub pour la pub !

Toutes les entreprises qui ont essayé d'inventer seules, sans aide extérieure, leur publicité ont fini par y renoncer. Il leur manquait la connaissance pointue des gens à qui elles veulent s'adresser, de leur audience. Qui est le « cœur de cible » ? Quels leaders d'opinion activer ? Quel est leur état d'esprit ? Sont-ils inquiets de leur avenir comme en France ou au contraire ont-ils confiance dans leur futur et leur croissance, comme en Chine ou en Inde ? Selon les cas, on ne s'adresse pas à eux de la même façon.

L'analyse la plus complète et objective du contexte est déterminante pour communiquer une idée ou une innovation, pour croiser au mieux le message que l'émetteur veut diffuser avec l'état d'esprit, l'humeur, la capacité à le recevoir du récepteur. L'enjeu est de déterminer le potentiel de distinction d'une idée par rapport à ce qui existe dans un environnement donné, et ainsi de définir son axe de communication, ce que les publicitaires appellent le « positionnement », et les journalistes l'« angle ». Si c'est pour dire des choses que les gens savent déjà, cela ne marchera pas. Et si c'est pour répéter ce que le concurrent clame déjà, cela ne fonctionnera pas non plus. Chaque message doit recéler de la novation pour être efficace.

LES COURANTS PORTEURS

Les agences de publicité ont des salariés dont le rôle est d'être non seulement des stratèges, mais aussi des vigies. Ils doivent repérer dans l'environnement les courants ascendants qui vont permettre à une idée ou un produit de s'épanouir plus haut et plus loin. Voir venir une nouvelle tendance sociologique ou culturelle qui peut générer des produits nouveaux ou des positionnements renouvelés. Voir venir la magie de l'huile de tournesol, réputée naturelle et légère, qui peut remettre en cause la suprématie historique d'un Lesieur, roi de l'arachide. Voir venir le phénomène du tabac blond « made in USA » qui obligea Gauloises à se reconvertir du brun au blond. Voir venir la montée de la prise de conscience environnementale qui ouvre la porte à des innovations à valeur sociétale ajoutée, comme les cartes de crédit « vertes » aux États-Unis, qui comptabilisent le coût en CO_2 de la consommation quotidienne de son détenteur pour mieux la compenser.

Quand on lance un produit ou une idée, il faut se servir du contexte comme d'un accélérateur, non comme d'un frein. Cela oblige à repérer les courants porteurs et les opinions favorables pour en tirer parti. Pour qu'une idée ait un retentissement immédiat, elle doit être dans l'air du temps. Les publicitaires appellent cela « enfoncer les portes entrouvertes ». Cette capacité d'anticipation caractérise les très bonnes communications. Elles profitent d'un effet d'entraînement lié au mouvement d'opinion déjà amorcé, comme un planeur va profiter d'un courant ascendant. Elles « surfent » sur les tendances.

L'un des meilleurs en la matière a été Michel-Édouard Leclerc qui a pour spécialité d'attaquer les sujets politiquement ou socialement mûrs comme les ententes en matière de prix de l'essence, les monopoles bancaires ou pharmaceutiques et, plus récemment, le pouvoir d'achat. Il est vital de s'interroger sur les courants dont sa propre idée pourrait bénéficier. S'inscrire dans l'actualité et préempter l'avenir proche sont des stratégies de communication souvent payantes. Elles permettent d'apparaître *in fine* comme l'initiateur d'un débat que l'on ne fait, en réalité, qu'amplifier.

Mais les idées peuvent aussi émerger et se développer à contre-courant. Être le seul à dire blanc quand tout le monde pense noir crée de la distinction, donc de la visibilité. C'est facteur d'impact, donc de perception, donc de reconnaissance. Les extrêmes, pour prendre une analogie politique, sont toujours mieux repérés que le centre. À un moment donné, le fait d'être le seul à occuper un espace alternatif est en soi une source de rayonnement.

Très souvent, des gens fondent leur démarche de manière radicale pour être vus et entendus. Greenpeace a été radical dans ses actions parce que les associations écologiques n'étaient pas écoutées. En 1971, treize militants pacifistes emmenés par Paul Watson embarquent à bord du chalutier *Phyllis-Cormack*. À eux seuls, ils réussissent à empêcher les essais nucléaires américains en Alaska, de manière pacifique et médiatique[1].

Lorsqu'un mouvement veut prendre de la puissance et devenir dominant, il doit accepter de créer des raisons d'adhésion plus larges, pour dépasser le stade des adeptes de la première heure et atteindre une masse critique. Il est communément admis qu'un effet de seuil dans la diffusion d'une idée se produit autour de 15 % d'adhésion. Pour le dépasser, il est nécessaire d'allumer un deuxième étage de fusée, de trouver les arguments qui permettront de rendre une idée majoritaire. Le refus de Jean-Marie Le Pen de normaliser son discours a contribué à limiter sa capacité de séduction. La chance de la France, par rapport à d'autres pays où l'extrême droite est arrivée au pouvoir, c'est que Le Pen a toujours refusé de « mettre de l'eau dans son vin » pour séduire de nouveaux électeurs. Ce qui évita au deuxième tour de 2002 de ressembler au premier.

---

1. HUNTER, Robert, *Les Combattants de l'arc-en-ciel : la première expédition de Greenpeace (Amchitka, 1971)*.

Dans le domaine économique, Apple a lourdement payé d'avoir été trop « jusqu'au-boutiste » dans sa logique informatique. En refusant longtemps la compatibilité avec Intel, Microsoft et le monde du PC, la marque californienne s'est condamnée à demeurer dans une niche. Jusqu'à changer de stratégie : aujourd'hui, tout est « compatible PC ».

Pour ramer à contre-courant, il faut des alliés. On ne peut demeurer radical que si l'on pose un jalon pour le futur. C'est la théorie du « gant inversé ». On peut parier sur la durée, espérer une inversion pure et simple de la tendance, attendre que l'époque vous rejoigne et s'aligne sur vos positions. L'exemple du nucléaire en Europe est à ce titre édifiant. Au moment où la montée du courant écologiste, en particulier en Allemagne, conduisait un certain nombre de pays à freiner ou à arrêter leurs programmes nucléaires civils, la France, au nom de l'indépendance énergétique, a continué d'investir massivement dans cette idée pourtant minoritaire. Vingt ans plus tard, avec la prise de conscience de la fin du pétrole et de son coût, le nucléaire non seulement retrouve des lettres de noblesse, et ce malgré le problème du retraitement des déchets, mais apparaît comme l'énergie de substitution la plus naturelle au pétrole. De plus, il est perçu comme une énergie « propre », puisqu'il ne dégage pas de CO_2, jugé l'ennemi prioritaire au plan environnemental. Et les pays voisins de la France, y compris l'Allemagne, envisagent désormais de reprendre leurs programmes nucléaires pour rattraper leur retard ! Qui aurait parié sur un tel retournement d'opinion ?

Ces modifications de contexte ne s'opèrent pas en général de manière linéaire, mais au travers de ruptures successives, et d'événements accélérateurs.

Prenons l'alimentation diététique par exemple. Elle vivotait dans quelques rayons de supermarché. Et puis, l'environnement a évolué et le monde a basculé. Soudain, la diététique est devenue la référence. Du coup, les marques implantées depuis longtemps sur ce marché se sont retrouvées en position de force. Quand le contexte commence à vous être favorable, plus vous êtes resté pur, mieux vous êtes placé pour tirer les fruits de votre anticipation.

SURFER SUR L'AIR DU TEMPS

Si la plupart des idées doivent avoir une force de différenciation, elles n'ont pas besoin d'être radicalement « anti ». Celles qui s'opposent entièrement aux vents contraires sont rarissimes, et courent le risque de la marginalité. Il n'est pas besoin d'aller jusque-là pour faire triompher ses idées. Il suffit de définir son combat de manière pointue, et si possible unique, en choisissant la composante principale sur laquelle on veut se différencier, c'est-à-dire la convention principale que l'on veut remettre en cause ou la tendance principale sur laquelle on veut s'appuyer.

Prenons l'exemple d'une association qui se crée pour lutter contre une maladie. Elle se retrouve en concurrence avec toutes les grandes causes qui cherchent aussi à mobiliser les gens. L'enjeu pour elle est de repérer le courant qui va devenir un moteur de croissance. Un simple élément suffit : un professeur de médecine qui légitime votre cause et vous estampille comme l'association la plus légitime. Une opération de communication spectaculaire, comme le Téléthon. Ou une étude qui amène à parler de votre action. Il faut analyser son environnement et repérer ces forces motrices, que les Anglo-Saxons appellent les *driving forces*. Celles qui vous permettent de percer dans l'environnement encombré. Tous les lancements de produit aujourd'hui nécessitent ce travail. Il faut savoir profiter du contexte. Et parfois être opportuniste.

Pendant la dernière présidentielle, l'image des candidats a été utilisée au profit d'AIDeS. L'association avait lancé quelque temps auparavant une campagne d'affichage où un certain nombre de stars interpellaient les passants sur le niveau de leur popularité dans le cas hypothétique de leur séropositivité. Pendant la campagne, le message a simplement été changé en : « Voteriez-vous pour moi si j'étais séropositif ? » s'immisçant ainsi avec succès dans le débat présidentiel.

Le contexte n'est pas passif. Il est actif. D'où la vie épanouie de certaines entreprises et marques qui surfent habilement sur l'actualité. Virgin, créée par le génial touche-à-tout Richard Branson, s'est diversifiée dans un grand nombre de secteurs en fonction des opportunités : de l'édition musicale au transport aérien, en passant par la distribution, le ferroviaire et… les boutiques de mariage !

Eram, la marque de chaussures bon marché, a longtemps surfé sur les tendances sociologiques du moment, en particulier au travers des films conçus et réalisés par Étienne Chatilliez. Elle a parlé des gays avant tout le monde, elle a osé mettre en scène la vie nocturne du bois de Boulogne, s'attaquer au tabou de la religion en montrant les apôtres marcher sur l'eau, ou à ceux de la politique en montrant Georges Pompidou, président en exercice, et sa femme dans un film publicitaire pastiche des films baroques felliniens… Eram avait pour caractéristique de rebondir sur le contexte sociologique de l'époque en le tournant en dérision. Toujours avec le même slogan : « Il faudrait être fou pour dépenser plus. »

Si l'on veut profiter des variations du contexte sans se disperser, il faut définir un axe central d'expression, une colonne vertébrale invariante dans le temps qui permet à l'idée de garder son unité tout en s'épanouissant dans la diversité. C'est ce que l'on appelle en publicité l'« idée de marque ». L'idée durable qui sous-tend toutes les expressions de la marque non seulement dans sa communication, mais aussi dans ses produits et services, dans sa recherche et développement, jusque dans son recrutement de nouveaux collaborateurs. Pour les entreprises, les très bonnes idées de marque durent dix ans et les très, très bonnes vingt ans, comme : « Vous ne viendrez plus chez nous par hasard » de Total. Les idées de marque moyennes durent de trois à cinq ans, et les mauvaises sont déjà oubliées.

« *Think different* » pour Apple est une excellente idée de marque, elle inspire encore chaque jour l'entreprise. Elle a capturé l'esprit de ses fondateurs, Steve Jobs et Steve Wozniak. Bien qu'il ne soit plus utilisé dans les publicités de la marque, le slogan continue d'être partout sous forme de posters dans les bureaux du siège de Cupertino.

« *Just do it* » est une autre extraordinaire idée de marque. Elle a transformé le monde du sportswear et de la chaussure de sport au profit de Nike. Phil Knight a eu le génie de sentir l'émergence d'une nouvelle tendance, la pratique du sport individuel hors des sentiers normés collectifs. « *Just do it* » est un hymne à la liberté des joggers, à ceux qui courent dans la rue et pas dans les stades. Un hymne à la liberté individuelle, à l'épanouissement personnel qui transcende complètement la chaussure ou le vêtement de sport lui-même.

Nike est né d'une nouvelle tendance, Apple d'une analyse critique de la domination de l'homme par la machine. La démarche d'Apple était contre un état de fait, celle de Nike s'appuyait sur une nouvelle aspiration. Les deux ont pris à rebrousse-poil une opinion majoritaire et cherché à surfer sur une frange montante.

Pour trouver une bonne idée de marque, il faut partir à la chasse aux conventions de pensée, de comportement… pour définir quelle idée reçue on veut remettre en cause, quel problème principal on veut résoudre. Plus on s'attaque à un problème fréquent, important, et mal résolu, plus l'idée est puissante. Cette démarche porte un nom dans le domaine du marketing depuis la fin des années 1980 : la disruption[1]. Cette méthode, développée par le publicitaire français de renommée mondiale Jean-Marie Dru, avec qui j'ai le plaisir de travailler, vise à produire des idées en partant des conventions qu'elles remettent en cause. Le levier central pourrait se résumer à deux mots simples dont nous reparlerons dans ce livre : « Et si ? » Ce processus d'expression d'idées fonctionne dans tous les domaines de l'activité humaine. Pour créer, il faut imaginer que les choses puissent être différentes. « Il faut toujours penser contre soi-même, disait Vauvenargues[2], si l'on veut éviter de finir par ne plus penser par soi-même », ou de la nécessité de se faire une idée et d'échapper aux préjugés qui encombrent.

Un grand nombre d'exemples valident cette démarche. « Et si la terre n'était pas le centre de l'univers ? » (Copernic), « Et si des germes pouvaient contribuer à guérir ? » (Pasteur), « Et si je peignais ce que je vois et non ce qu'il plaît aux autres de voir ? » (Monet), « Et si l'inconscient était structuré comme un langage ? » (Lacan), « Et si l'on sautait en hauteur sur le dos plutôt qu'en ventral ? » (Fosbury), « Et si la machine était au service de la créativité de l'homme ? » (Steve Jobs)…

Les « et si ? » du futur se préparent déjà : « Et si les voitures faisaient les créneaux toutes seules[3] ? », « Et si l'on pouvait télécharger et imprimer des objets en 3D[4] ? », « Et si l'on pouvait

---

1. DRU, Jean-Marie, *Disruption. Briser les conventions et redessiner le marché*.
2. VAUVENARGES, Luc de Clapiers de, *Œuvres complètes et Correspondance*.
3. ASSOCIATED PRESS, « Ford announces new self-parking technology », 2 janvier 2009.
4. KING, Rachael, « Printing in 3D gets practical ».

stocker des milliards de données dans l'ADN de bactéries[1] ? », « Et si l'on faisait "pousser" la viande *in vitro* au lieu de tuer des animaux[2] ? ». Tous ces projets existent ou sont annoncés pour un avenir proche.

FAÇONNER LE CONTEXTE

Aujourd'hui les marques ou les entreprises ont besoin de résultats rapides. Elles sont à la recherche de ces disruptions, de ces inversions de courant, de ces anticipations pour en profiter plus vite que leurs concurrents.

Elles-mêmes peuvent chercher à changer le contexte pour créer un terrain favorable au développement de leurs intérêts. C'est le rôle des lobbyistes, un terme très décrié en France, mais valorisé chez les Anglo-Saxons. La victoire de Londres pour l'organisation des Jeux olympiques de 2012 en a été la brillante démonstration. Les Anglais avaient compris mieux que les Français quels arguments développer auprès de chacun des membres du CIO pour l'emporter. Les Asiatiques ne sont pas mauvais non plus pour créer des conditions contextuelles favorables, propices à leur business. À l'exemple de Sony qui a pris un patronyme américain au sortir de la guerre[3].

Il existe de multiples formes pour agir sur son contexte. La communication publicitaire est là pour donner les bonnes lunettes au public, l'inciter à regarder favorablement votre produit, votre entreprise, votre initiative. De manière directe

---

1. ASSOCIATED PRESS, « Researchers store data in bacteria DNA », 16 mai 2007.
2. MADRIGAL, Alex, « Scientists flesh out plans to grow (and sell) test tube meat ».
3. MORITA, Akio, REINGOLD, Edwin M., SHIMOMURA, Mitsuko, *Made in Japan : Akio Morita and Sony*.

via la publicité, mais surtout indirecte *via* des relais d'opinion au cœur desquels se trouvent les journalistes, des gens par définition crédibles puisqu'ils sont porteurs – en principe – de la vérité objective, ou tout au moins de sa quête. Rien n'est plus efficace pour mobiliser l'opinion que les titulaires de carte de presse. Lesquels sont trop souvent instrumentalisés, faute de temps et de connaissance des mécanismes ou des enjeux cachés... Mais personne ne peut tout savoir.

On peut agir sur son contexte, mais il faut aussi parfois savoir se transformer soi-même pour s'adapter à un contexte sur lequel on n'a plus prise. En choisissant comme nouveau nom MCI, Worldcom a tenté de faire oublier ses scandales financiers passés. Le Crédit Lyonnais s'est rebaptisé LCL pour se racheter une virginité après avoir lourdement défrayé la chronique dans les années 1990. Changer le contexte était tellement difficile, long et coûteux pour ces deux entreprises qu'elles ont pensé qu'il était plus rapide pour elles de renaître, de se réincarner et de se transformer.

L'enjeu, à chaque fois, est de changer la perception de l'environnement. Les grands laboratoires pharmaceutiques mondiaux dépensent des fortunes, plusieurs années avant le lancement de leurs nouvelles molécules ou thérapies, pour modeler l'environnement des prescripteurs (médecins), des leaders d'opinion (journalistes professionnels) et des patients. Cet art de modeler l'opinion est aussi celui dans lequel les meilleurs politiques excellent depuis la Grèce antique. Malheureusement, il a parfois conduit aux dictatures, entretenues par la propagande. Pour le meilleur ou pour le pire, dans la noosphère, le vraisemblable précède le vrai. Pour modifier un comportement et imposer une idée nouvelle, il faut d'abord y préparer l'opinion. C'est la nouvelle vérité de la société de communication.

Subvertir, quel plaisir !

> « *Une idée qui n'est pas dangereuse ne mérite pas de s'appeler une idée.* »
> Oscar Wilde, « Le critique artiste » in *Intentions*

Si la liberté individuelle s'arrête où commence celle de l'autre, l'idée commence quand elle en dérange une autre. Une idée se substitue toujours à une précédente. Elle naît subversive ou est condamnée à le devenir si elle veut avoir une chance de devenir dominante. « Subvertir » en latin traduit ce qui est « de nature à renverser l'ordre établi », à le retourner, le bouleverser, l'anéantir. De *sub* (sous) et *vertere* (tourner) : faire passer au-dessus ce qui était au-dessous. Tel est le destin des idées : dominer ou rester invisible.

ON NE FAIT PAS D'OMELETTE SANS CASSER D'ŒUFS

Je peux avoir l'idée d'une nouvelle nature d'ampoule, qui économise l'énergie par exemple. Elle va d'abord créer un nouveau segment de marché à côté des ampoules classiques, mais si l'innovation est réelle, elle va finir par faire oublier les ampoules originelles. Les piles salines ont été supplantées par les alcalines. Duracell et Energizer ont envoyé Leclanché, Mazda et Wonder au cimetière.

Autre exemple éclairant, le christianisme est subversif lorsqu'il dit que Dieu « renverse les puissants de leurs trônes, il élève les humbles[1] ».

Toute idée nouvelle détruit une idée reçue. La force destructrice est l'essence même de sa dynamique. L'être humain ne peut vivre dans une totale schizophrénie en croyant deux choses opposées – en psychologie on parle, dans ces cas-là, de « dissonance cognitive ». Toute croyance est donc amenée à remplacer la précédente. La conviction que la terre est ronde annule celle qui assure que la terre est plate. Cela ne signifie pas qu'une idée abat nécessairement toutes les idées environnantes, mais qu'elle succède à l'une d'entre elles.

« Le mythe ou l'idée révolutionnaire fait éclater le noyau du système dont il est issu et reconstitue un nouveau noyau[2]. » Tel était le credo du publicitaire Philippe Michel qui pensait que les idées naissent de la collision d'objets mentaux : « Il est illusoire de vouloir construire à côté sans détruire les perceptions concurrentes, celles qui les précèdent. D'où le rôle en publicité de l'ironie, de la comparaison, de la méchanceté, de la cruauté, car tous ces ressorts sont destructeurs[3]. »

Toutes les idées anciennes ne finissent pas pour autant à la poubelle, sinon il n'y aurait pas de bibliothèque des idées. La plupart survivent, mais elles tombent dans l'oubli, ou perdent de leur vivacité et arrêtent de se propager. Elles retrouvent parfois de l'actualité si un nouveau courant de pensée leur est favorable. Cela explique l'aspect cyclique des modes vestimentaires : le court succède au long qui succède au court.

---

1. Luc, 1.52.
2. MICHEL, Philippe, THÉVENET-ABITBOL, Anne, *op. cit.*
3. *Idem.*

Même chose pour le phénomène du *revival*, où l'on remet dans l'air du temps la culture de la génération précédente...

Une idée ancienne ne disparaît pas : elle s'affadit, elle s'efface. Elle ne recrute plus. Elle perd de sa force. Et les jeunes générations oublient son histoire. Il est paradoxal de noter que le mouvement le plus inventif de l'histoire littéraire et artistique, le mouvement Dada, s'est essoufflé en moins de dix ans. Il se caractérisait par une dimension ouvertement subversive : la remise en cause de toutes les conventions et contraintes idéologiques, artistiques et politiques. Mais « qui trop embrasse mal étreint ». En se diversifiant dans trop de dimensions et trop de directions, en se perdant dans une subversion systématique plus formelle que de fond, le mouvement s'est décérébré et autodissous.

Le domaine artistique confirme à quel point le destin des idées dominantes est d'être subverties. L'abstrait succède au surréalisme qui succède au cubisme, lequel suit l'expressionnisme, qui vient après le fauvisme et le symbolisme, nés après l'impressionnisme... À chaque fois, au nom du rejet de la peinture officielle, le nouveau remet en cause le modèle dominant et son « académisme ».

La plupart d'entre nous ne se posent jamais la question : qu'est-ce que mon idée détruit, qu'est-ce qu'elle chamboule ? Pourtant, son pouvoir subversif va lui permettre de se transporter de cerveau en cerveau de manière consciente ou inconsciente.

IDÉES RÉVOLUTIONNAIRES ET SUBVERSION « SOFT »

Un certain nombre d'idées osent affirmer explicitement leur vocation révolutionnaire. Cela s'exprime dans leur nom, comme pour le protestantisme ou l'altermondialisme. Celui-ci propose clairement une alternative à la mondialisation « ultra-libérale » dans son slogan : « Un autre monde est possible. » Le combat s'affiche au travers de la contestation des institutions mondiales telles que l'Organisation mondiale du commerce (OMC), le Fonds monétaire international (FMI), l'Organisation de coopération et de développement économiques (OCDE), le G8 et la Banque mondiale.

Quand cette démarche explicite n'est pas dans le nom, on peut la retrouver dans une formule choc comme « la lutte des classes » pour le marxisme ou « *Think different* », qui traduit l'idée de marque d'Apple.

Cependant, dans la plupart des cas, la force explosive de l'idée est implicite. Elle se propage sans que l'on se rende nécessairement compte de son caractère détonant. « Aimez-vous les uns les autres », « *peace and love* », ou « *just do it* » sont des formules subversives « soft » qui remettent en cause un ordre établi sans se référer explicitement à un ennemi. Elles établissent une nouvelle vision du monde, rompent avec une convention, au travers d'une promesse, dont l'effet attendu est de créer l'adhésion du public, au détriment de l'idée à laquelle elles veulent se substituer. La plupart des pensées du quotidien voyagent ainsi de cerveau en cerveau, au nom du supplément d'utilité ou de plaisir qu'elles apportent par rapport à l'existant. Les nouvelles générations de produits, qu'ils soient cosmétiques, automobiles, électroniques ou alimentaires, se substituent aux anciennes, apportant à chaque fois un bénéfice marginal supplémentaire.

ÉLOGE DU PARADOXE

Un des modes les plus efficaces de communication des idées réside dans une formulation paradoxale, qui scie la branche sur laquelle la convention de pensée dominante repose. La

Subvertir, quel plaisir !

célèbre signature publicitaire d'Eram, « il faudrait être fou pour dépenser plus », le démontre. Là où Eram aurait pu se contenter d'énoncer simplement sa promesse de chaussures moins chères, la marque a choisi une revendication qui disqualifie ceux qui ne seraient pas de son camp, en les reléguant dans la folie. Pendant des années New Man a proclamé que « la vie est trop courte pour s'habiller triste ». Une manière d'opposer le style coloré proposé par la marque d'habillement, en disqualifiant la grisaille du style de vie opposé.

D'autres exemples viennent de la philosophie : « L'existence précède l'essence » pour l'existentialisme[1], ou : « On ne naît pas femme, on le devient » pour le féminisme[2]. Ces formulations paradoxales agissent comme des proverbes, des formules qui délivrent une vérité nouvelle. La mémétique, nouvelle discipline scientifique qui vise à comprendre la transmission des « mèmes[3] », ces équivalents culturels des gènes que l'on pourrait définir comme des idées contagieuses, a montré que les proverbes disposaient d'un pouvoir de réplication particulièrement efficace. Les *Fables* de La Fontaine en sont une source inépuisable : « Tout vient à point à qui sait attendre », « Un tien vaut mieux que deux tu l'auras » sont des formules mémorisables qui se diffusent de génération en génération. Les meilleures sont celles qui arrivent à remettre en cause un sentiment dominant et à exprimer un bénéfice à retirer, comme dans : « Rien ne sert de courir, il faut partir à point. »

Cela fonctionne un peu comme le « koan » dans la religion bouddhiste, une pensée paradoxale, donc mémorisable, qui oblige à réfléchir. « Lorsqu'il n'y a plus rien à faire, que faites-

---

1. SARTRE, Jean-Paul, *L'existentialisme est un humanisme*.
2. BEAUVOIR, Simone de, *Le Deuxième Sexe*.
3. DAWKINS, Richard, *The Selfish Gene*.

vous ? », « Quel bruit fait le battement d'une seule main ? », ou : « Le bambou existe au-dessus et en dessous de son nœud » sont des koans destinés à ouvrir la conscience, à pousser à la méditation les adeptes du bouddhisme chan en Chine et zen au Japon.

Le paradoxe a cette vertu de déranger, de perturber et de faire travailler le cerveau, ce qui augmente la mémorisation : on retient mieux les idées sur lesquelles on a réfléchi. Les meilleures sont donc celles qui se reproduisent en étant coproduites. Là réside le secret de la réplication : le passage de « c'est mon idée » à « c'est notre idée », qui met chacun dans la position d'un coproducteur, donc d'un adepte militant immunisé face aux alternatives, puisqu'il s'est « forgé son idée ». Et plus l'idée que l'on s'est forgée est ancrée, plus elle est difficile à déloger.

Il ne faut pas sous-estimer la force conservatrice des idées dominantes, qui ont su imposer avec le temps leur logique, leurs adeptes et leur forme d'expression. Un certain nombre de philosophes ou sociologues, tel Raymond Boudon, auteur de *L'Art de se persuader*[1], ont mis à jour le fonctionnement des idées reçues en montrant comment un acteur social peut adhérer à des idées fausses ou douteuses, ou reproduire le schéma de pensée dominant à son insu.

La prise de conscience du pouvoir réplicateur de certains termes comme « tiers-monde », « handicapés » (qui avait lui-même remplacé « infirmes »), ou « immigrés » a donné lieu à la création d'un vocabulaire « politiquement correct ». On parle désormais de « pays en voie de développement », de « personne à mobilité réduite » ou de « minorité visible ». Dans le système de diffusion des idées, le pouvoir subversif des mots est décisif.

---

1. BOUDON, Raymond, *L'Art de se persuader*.

Subvertir, quel plaisir !

À l'image du *Dormeur du val*[1] que l'on peut lire sans comprendre que le soldat est mort, la plupart des idées subversives sont transportées « à l'insu du plein gré » de ceux qui les portent. Mais plus le paradoxe est dévoilé, plus l'idée voyage vite. Révéler la subversion qui sommeille dans chaque idée demeure le meilleur moyen d'alimenter sa dynamique. La subversion explicite est un accélérateur de contagion.

Quand une idée nouvelle ébranle une idée reçue, elle l'oblige bien souvent à se reformuler. La démocratisation du luxe, par exemple, a contraint le haut de gamme à se redéfinir avec des codes culturels et artistiques beaucoup plus forts. Les idées faibles, tout comme le « bruit faible » en physique, peuvent cohabiter avec d'autres sans les exclure vraiment. Le luxe pour l'élite peut tolérer le luxe pour tous, mais la terre ne peut pas être plate et sphérique en même temps. La caractéristique des idées fortes, c'est qu'elles sont en rupture radicale avec une idée reçue préalable. Par définition, plus une idée est révolutionnaire, moins elle est compatible avec l'état précédent.

S'OPPOSER POUR EXISTER, LA DIALECTIQUE DE L'IDÉE

Technique classique en communication publicitaire, faire grandir une idée en la posant en opposition : « N'achetez pas une grosse voiture, mais une Renault Clio qui a "tout d'une grande". » La démonstration comparative disqualifiante est aussi très usitée : « À gauche une lessive classique laisse des traces, à droite Ariel va plus loin... » Très souvent, les démonstrations les moins rationnelles sont celles qui fonctionnent le mieux. Exemple, ce film publicitaire pour Pampers.

---

1. RIMBAUD, Arthur, *Poésies, Une saison en Enfer, Illuminations*.

On accroche une couche-culotte au Manneken Pis, ce qui met fin à son jet. Une démonstration objectivement fausse puisque, au bout d'un certain temps, la couche sera pleine et fuira, mais subjectivement vraie. Elle laisse croire à l'absolue supériorité des Pampers. Le public se dit : « C'est vrai, ces couches sont non seulement efficaces, mais aussi sympas. » Et la démonstration est bien plus forte que celle qui consisterait à verser un gobelet d'eau sur la couche, car elle fait appel au cerveau droit, celui de l'émotion, en plus du cerveau gauche, celui de la raison. La démonstration par l'absurde est l'un des moteurs les plus efficaces de la rhétorique publicitaire.

Faire adhérer à une idée, c'est la faire reconnaître comme vraie, en tout cas comme plus « vraie » que l'idée à laquelle elle veut se substituer. Les gens soutiennent une idée s'ils adhèrent à un raisonnement. Ils ont besoin de se dire : « Oui, c'est vrai. » « Oui, c'est vrai, les miracles prouvent que Jésus a existé » (christianisme). « Oui, c'est vrai, l'émancipation des travailleurs doit venir des travailleurs eux-mêmes » (marxisme). « Oui, c'est vrai, le cœur et l'imagination sont aussi puissants que l'esprit et la raison » (romantisme). « Oui, c'est vrai, c'est à la machine de s'adapter à la créativité de l'homme » (« appleisme »). Mais ces « vérités », nécessaires au confort intellectuel du cerveau, ne sont pas toujours vraies de manière absolue. Ce sont avant tout des raisons de croire aux idées que l'on se forge pour renforcer sa propre conviction. D'où la difficulté de sortir de certaines impasses idéologiques dans lesquelles on s'enferme parfois. Il aura fallu l'écrasement de l'insurrection de Budapest en 1956, pour que d'éminents intellectuels, Sartre en tête[1], commencent à remettre en cause leur croyance dans le bien-fondé du stalinisme.

---

1. SARTRE, Jean-Paul, « Après Budapest, Sartre parle ».

L'IMPACT DES IDÉES

Pour déstabiliser une idée dominante, il faut « charger la grenade » de l'idée nouvelle, en l'armant pour que la déflagration soit visible et provoque le maximum d'impact sur l'environnement dans lequel elle va exploser. L'objectif est que l'on puisse dire après le lancement : « Plus rien ne sera jamais comme avant. » Le champ concurrentiel doit ressembler à la zone d'impact d'une météorite : les idées reçues préexistantes ont disparu et l'on ne voit plus que le nouvel objet mental qui s'y est substitué.

Pour imposer votre propre icône, vous devez nécessairement démoder les autres. Lorsque l'on réussit à démolir une certitude, et même si l'on ne parvient qu'à l'endommager, on la remplace par une nouvelle qui devient plus active que les précédentes. Une idée qui entre dans le champ en ne faisant aucun dégât a toutes les chances de se désagréger aussitôt, comme une météorite qui exploserait dans l'atmosphère avant de toucher terre. Existe-t-il une idée neuve qui ne provoque pas de dommage ?

Certes, ce qui est révolutionnaire pour les uns ne l'est pas nécessairement pour les autres. Très peu d'idées remettent en cause l'ensemble de notre vie. La plupart ne questionnent qu'une petite part de nos croyances. Mais une idée forte est forcément une rupture.

Contrairement à ce que certains pensent : la disruption n'est pas synonyme de destruction ; elle ne consiste pas à faire table rase du passé. Il s'agit plutôt de choisir la convention la plus utile à défier pour se libérer d'un lien inutile. C'est couper le câble qui empêchait l'idée de s'envoler.

Lancer une nouvelle voiture n'est pas changer l'idée de marque, programmée pour durer, mais bousculer une convention du segment concurrentiel. C'est ce qu'ont réussi Renault en lançant l'Espace, une voiture à vivre d'une autre nature, ou Toyota en lançant la Prius, une voiture hybride, donc mieux pensée pour l'environnement. Mieux que des innovations, des révolutions !

Parfois, un détail suffit. Au nom de son idée de marque « *Think different* », le fil des écouteurs de l'iPod est blanc, une rupture formelle avec la convention des fils noirs de tous les autres fabricants. L'innovation semble minime, mais son effet est énorme. Même si le baladeur est dans une poche ou dans un sac, on reconnaît aussitôt qu'il s'agit d'un iPod. Dans la rue ou dans les transports en commun, on voit donc qui possède un iPod. Les constructeurs automobiles appellent cela « l'effet de parc », l'un des paramètres les plus importants dans l'achat d'une voiture. Apple, en changeant simplement ce détail, a introduit l'effet de parc chez les baladeurs. Une démarche subversive dont il a largement profité, au regard des chiffres de vente de l'iPod...

Parler au public de ce qu'il connaît déjà est inutile. Parce que l'on communique toujours sur du neuf, il faut révéler, dans chaque idée, sa force disruptive, c'est-à-dire subversive. La disruption est là pour traduire et mesurer la force de novation. Cette idée propose-t-elle vraiment une nouvelle vision, un nouvel ordre des choses ? Modifie-t-elle structurellement l'état dans lequel se trouvait le monde ? En quoi est-elle une révolution ?

Il n'y a pas de neuf qui ne disqualifie l'ancien. Et quand le retour au produit original qui serait synonyme d'authenticité et de vérité est glorifié, alors l'idée même de progrès devient une convention à défier. Un excès dans un sens offre l'opportunité de développer la vision inverse. Quand Danone innove avec des molécules nouvelles, le Bifidus d'Activia, ou le Pronutris d'Essensis, Nestlé renforce son alternative : « La Laitière », le yaourt plaisir à l'ancienne, immuable comme un tableau de Vermeer. De même Vuitton résiste à la mode en continuant de fabriquer à la main ses sacs en cuir, ou ses malles « comme autrefois ». Bref, le « à l'ancienne » ou le « comme autrefois » tirent leur dynamisme de l'excès de mode. La force de l'un tient à celle de l'autre, dans un rapport qu'Edgar Morin aurait nommé « dialogique » entre tradition et progrès.

La disruption n'est pas le contraire de la convention, elle la remet en cause. Si la convention veut que nous sortions habillés, la disruption n'est pas de sortir nus, mais plutôt d'inventer le string : une nudité habillée, un paradoxe qui fut en son temps une révolution. Un vêtement ô combien subversif !

De l'idée d'un porte-parole au porte-parole d'une idée

« On n'est point un homme d'esprit pour avoir beaucoup d'idées, comme on n'est pas un bon général pour avoir beaucoup de soldats. »
Chamfort, *Maximes et pensées. Caractères et anecdotes*

Que serait le christianisme sans Jésus, l'existentialisme sans Sartre, le romantisme sans Hugo, l'impressionnisme sans Monet ou l'« apple-isme » sans Steve Jobs ? Les idées, pour exister, doivent se doter d'un porte-parole.

NUL N'EST PROPHÈTE EN SON PAYS

Porte-parole ne veut pas nécessairement dire créateur. L'histoire est souvent injuste. Steve Jobs n'a pas inventé la technologie du MP3, les premiers modèles de baladeurs, coréens et américains, étaient sur le marché depuis trois ans à la sortie de l'iPod en 2001[1]. Mais il a donné une caisse de résonance à la musique digitale et, d'ici une génération, on lui attribuera le

---

[1]. VAN BUSKIRK, Eliot, « Introducing the world's first MP3 player ».

lecteur numérique portable. De même, tout le monde gratifie Akio Morita, le génial fondateur de Sony, de l'invention du Walkman qui a fait son succès. On a pourtant découvert récemment que le créateur du baladeur à cassettes, Andreas Pavel, était d'origine allemande, et en avait déposé le brevet en 1977 ! Sony a d'ailleurs dû lui payer d'énormes dommages et intérêts[1].

Pour prospérer, une idée doit s'attacher un génial packageur, un reformulateur, un interprète. Lequel, à l'instar d'Édith Piaf qui n'écrivait pas ses chansons, a mission d'emporter les foules. Ce peut être le point de vue d'un expert qui donne consistance et légitimité à l'idée ou le soutien d'une égérie dont l'aura rejaillit sur elle. Les marques abusent de ce moyen et se disputent la caution de telle ou telle personnalité. Combien font appel à Zinedine Zidane, à David Beckham ou à Kate Moss, devenue l'incarnation de la « branchitude » ?

Pour avoir un fabuleux destin, une idée doit s'imposer à tous. Sa formulation initiale est essentielle pour lui permettre de circuler de cerveau en cerveau avec un minimum de détérioration de son intégrité. Le rôle de son premier interprète est de la mettre sur orbite. Il arrive parfois que l'idée, comme l'habit, « fasse le moine », mais dans la majorité des cas, c'est l'inverse. Ce sont les réalisateurs connus ou les acteurs connus qui déclenchent l'envie de voir les films. Le porte-parole propulse l'idée en lui donnant plus de chance d'aboutir. La réussite initiale de ce lancement est déterminante. Les produits culturels, films, livres, CD, DVD et jeux vidéo, en sont un bon exemple. Le succès de la première semaine de lancement conditionne le succès final. « *On n'a pas deux fois l'occasion de faire une bonne première impression* », dit l'adage anglo-saxon.

---

1. ROHTER, Larry, « Portable stereo's creator got his due, eventually ».

Comme il existe un soldat inconnu, il est des auteurs inconnus de grandes idées. Chacun connaît le dadaïsme, mais rares sont ceux qui citent le nom de son chef de file, Tristan Tzara. Tout le monde a entendu parler de Greenpeace, mais le nom de Rob Hunter, son fondateur, est largement ignoré. Preuve, s'il en fallait, que si l'idée est forte, elle peut devenir célèbre sans que son créateur le soit. Mais ce n'est pas une raison pour se priver du potentiel d'expression d'un porte-parole.

Peu d'auteurs ont la chance d'être de bons *marketers* de leurs idées. Cela exige un talent différent. Les entreprises ne demandent pas à leurs chercheurs de vendre leurs découvertes, elles disposent de services marketing et commerciaux et recourent à des agences externes de packaging ou de communication. Et même au sein de ces agences, les rôles sont séparés entre stratèges qui analysent les tendances, définissent les messages, orchestrent le lancement des idées, et les créatifs qui imaginent les films ou les annonces. En poussant plus loin, au sein même des *teams* créatifs, le travail s'effectue le plus souvent par équipe de deux. L'un se charge des mots : c'est le concepteur-rédacteur ; l'autre, le directeur artistique, s'occupe de l'aspect visuel. Cette formation en binôme s'appuie sur le constat, souvent éprouvé, que l'on est rarement le meilleur juge de la formulation de ses propres idées.

Un certain nombre de bonnes idées s'affranchissent très tôt de leur auteur. L'absence d'une force initiale puissante, celle de l'auteur, est alors compensée par la multiplicité des ambassadeurs recrutés. L'énergie sera la même en termes de puissance. L'avantage de cette « dispersion », c'est que chaque moteur individuel se vit comme copropriétaire de l'idée – parfois même comme coauteur. On a assisté à ce phénomène au travers du développement d'Internet. Parce que le Web,

Wikipédia ou le navigateur Firefox sont offerts à tous, sans que personne n'en revendique la possession, chaque internaute se sent une responsabilité à l'endroit de l'œuvre collective. Le jour de la sortie de la dernière version de son logiciel de navigation Firefox, la fondation Mozilla avait appelé ses utilisateurs à le télécharger en masse lors d'un « *download day* » : les internautes ont répondu présent et le logiciel a été téléchargé par plus de 8 millions d'internautes en vingt-quatre heures (record inscrit au *Guinness Book*[1] !).

Le cas de Linux est lui aussi révélateur. L'initiateur de Linux, qui lui a donné son nom, Linus Torvalds est devenu une « star » d'Internet en osant proposer une alternative « gratuite » à la logique dominante de Microsoft. Aujourd'hui, il continue de suivre le développement de Linux, mais celui-ci a totalement été pris en charge par les développeurs du monde entier, au point que beaucoup d'utilisateurs croient que Linux est le nom de l'icône en forme de pingouin et non de son auteur. Cette responsabilisation de l'usager a du bon : un converti au logiciel libre a toutes les chances de le rester longtemps...

Un très grand nombre de marques portent le nom de leur créateur : Renault, Peugeot, Michelin, Lesieur, Bonduelle, Ricard... Les marques patronymiques constituent plus de la moitié des marques mondiales. Bien souvent, ce n'est pas par manque de créativité, encore moins par mégalomanie, mais tout simplement parce que la marque se dote ainsi au départ d'un minimum de crédit, celui de son auteur.

---

[1]. Mozilla Foundation, communiqué de presse, « Mozilla sets new Guinness World Record with Firefox 3 Downloads », 2 juillet 2008.

TROUVER LE BON PORTE-PAROLE

Une idée peut se déployer sans personne, mais elle a tout à gagner à profiter du pouvoir accélérateur qu'apporte un porte-parole à forte notoriété. Richard Branson a su en profiter. Les personnalités connues apportent un crédit complémentaire. En cautionnant l'idée, elles lui concèdent leur réseau d'influence. Avec Internet, les marques cherchent aujourd'hui à attirer les membres influents de la blogosphère pour diffuser à tout le réseau.

La recette est donc à peu près établie pour maximiser les conditions de déploiement d'une idée. Rechercher le maximum de subversion pour l'incarner, tenir compte de l'environnement pour son lancement, cultiver la différence dans la durée et trouver un bon porte-parole. Quelques-uns savent faire cela de manière naturelle. Mais n'est pas Louis Pasteur, Karl Marx, Steve Jobs ou Richard Branson qui veut.

Plus l'auteur a du crédit personnel, plus son idée a de la légitimité. Une invention de Benjamin Franklin démarre mieux dans la vie que la trouvaille d'un inconnu du concours Lépine. Certes, Roland Moreno, l'inventeur de la carte à puce, a démontré qu'on pouvait partir de peu pour imposer une nouveauté. Mais son invention est arrivée à maturité dans l'opinion au moment où son brevet tombait dans le domaine public. Dur, dur...

Du reste, il ne suffit pas d'être un créateur légitime, il faut aussi savoir traduire l'idée dans des termes adaptés au moment, à l'environnement et aux... « leaders d'opinion ». L'accès à ces publics est déterminant. L'adage « On ne prête qu'aux riches » est particulièrement adapté à la vie des idées : celles qui ont la chance d'avoir accès aux accélérateurs de diffusion ont un avantage décisif sur celles qui ne l'ont pas. Internet, le réseau des réseaux, n'y change rien. Toutes les idées y circulent, mais seules celles qui ont trouvé des relais s'y développent vraiment. Joost, le projet de site de télévision *on line* des inventeurs de Kazaa et de Skype, est devenu célèbre chez les internautes du monde entier en seulement quelques heures. Mais un porte-parole ne suffit pas si l'idée manque de souffle. Joost n'a pas eu le succès escompté[1]...

La persévérance est nécessaire pour surmonter les obstacles et s'imposer. Les forces conservatrices sont en général d'une puissance redoutable. Certains créateurs traversent des périodes difficiles avant de réussir. On a tous en tête le destin d'un Van Gogh ou d'un Schubert, mort à 31 ans de la typhoïde en n'ayant connu le succès qu'auprès d'un petit cercle d'admirateurs. Sans compter les génies méconnus de leur vivant, comme le moine botaniste autrichien Johann Gregor Mendel, resté dans l'anonymat toute sa vie, et aujourd'hui reconnu comme le fondateur de la génétique – au travers des lois de Mendel qui définissent la manière dont les gènes se transmettent de génération en génération.

D'où le rôle essentiel du porte-parole. Le christianisme doit beaucoup à la plume et à la langue de saint Paul. Il a pris la place du Père et du Fils qui se trouvaient dans l'impossibilité d'écrire par eux-mêmes. La réputation de Nike doit au moins autant au basketteur Michael Jordan qu'au génie de son fondateur, Phil Knight. Le porte-parole idéal bénéficie d'une expertise fondée sur le savoir théorique ou la connaissance pratique. Rien ne vaut une star qui décide de son plein gré d'adopter une marque. Le conseil est d'autant plus valide

---

1. DELAHAYE, Sébastien, « Joost : des ambitions déjà à la baisse pour la télé Internet ».

qu'il est désintéressé... Puma était moribond quand, en 1994, on vit Madonna, Brad Pitt et Leonardo DiCaprio en chausser leurs pieds. Le début d'une relance d'autant plus efficace que peu de gens savaient qu'il s'agissait d'une habile démarche commerciale d'un producteur de Hollywood devenu actionnaire de la marque...

Mais même quand il est rémunéré, un porte-parole peut être crédible et efficace. Personne ne doute que la présence de Kate Moss ou de Thierry Henry dans une pub se monnaye, mais cela ne rebute pas d'acheter les sacs Longchamp ou les chaussures Nike, bien au contraire. On prête aux stars une certaine éthique, et l'on suppose que, même grassement payées, elles ne préconiseraient pas ce qu'elles détestent. Le décodage du jeu publicitaire est tel (« Je sais que l'artiste est payé pour dire du bien de la marque ou du produit ») qu'une posture « deuxième degré », où le porte-parole apparaît dans un rôle apparemment moins valorisé, est souvent plus efficace. Les films qui mettent en scène des footballeurs, Éric Cantona pour Bic, Ronaldinho pour Nike, ou la campagne du Coq sportif où Yannick Noah et Sébastien Loeb rivalisent avec humour dans d'improbables défis sportifs, utilisent souvent ce registre. Ces situations décalées créent une connivence avec le public (« Je sais que tu sais que je sais ») et augmentent la crédibilité du message (la preuve en quelque sorte que la marque et la star sont complices au-delà de l'argent).

Mettre en scène un porte-parole non rémunéré peut aussi être payant, à l'image de la très bonne exploitation d'Adriana Karembeu par la Croix-Rouge française pour sa quête annuelle, ou de Karl Lagerfeld pour les gilets jaunes de la Sécurité routière.

PROFITER DU DÉBAT, LA STRATÉGIE DES FRÈRES ENNEMIS

Une autre stratégie efficace est la reconnaissance publique par votre concurrent. Les stratégies d'alliances objectives avec son « meilleur ennemi » profitent souvent aux deux acteurs. De l'affrontement verbal de Mohamed Ali et Joe Frazier, à la rivalité entre Prost et Senna, Anquetil et Poulidor, Castro et Kennedy, Federer et Nadal, Sarko et Ségo, sans oublier Voltaire et Rousseau, la confrontation confisque le débat et freine l'entrée d'autres thèses dans le champ.

Le porte-parole peut aussi être un groupe de personnes. L'histoire du christianisme instruit qu'une bonne douzaine de disciples arrivent à bien diffuser une idée. L'idéal est de structurer son réseau d'interprètes en un mouvement coordonné capable de répondre aux objections et à l'évolution de l'environnement. Les grandes religions ont vite saisi l'intérêt d'une organisation sans faille qui permet à des milliers de relais dans le monde entier de porter la bonne parole. C'est aussi avec une multiplicité de porte-parole que le parti le plus désorganisé du monde, le mouvement écologiste, a su faire avancer l'idée de protection de l'environnement dans la société...

Quand un porte-parole fonde une école de pensée dissidente, il lui arrive de renforcer, *in fine*, l'autorité de la pensée initiale : quand le lacanisme s'oppose au freudisme, la Réforme au catholicisme, la psychanalyse et le christianisme, au bout du compte, y gagnent.

Mais le porte-parole n'est pas éternel. Il faut aussi savoir en changer, le renouveler. Qu'il s'agisse des égéries de L'Oréal, qui le valent bien, ou des porteurs d'une idée politique, le renouvellement assure la pérennité. L'idée européenne a souffert de ne pas avoir trouvé de dignes successeurs à Jean Monnet, Robert Schuman et Jacques Delors. Un président n'aurait-il pas mieux incarné l'Europe qu'une commission méconnue et impopulaire ?

LA PAROLE QUI FAIT MOUCHE

Un porte-parole de poids doit savoir « faire le trou » dans les médias. Médias écrits pour percer et acquérir une existence, et télévisuels pour avoir une puissance d'impact. Rien n'est plus efficace que quelques secondes au journal de 20 heures de TF1. Coluche a lancé les Restos du cœur grâce à son accès direct aux médias : une émission quotidienne sur Europe 1 et des invitations quasi permanentes à la télévision. Son idée continue de vivre vingt-quatre ans après. Plus de 90 millions de repas servis à plus de 700 000 personnes par 1 950 centres[1] : un succès qui ne se dément pas, entretenu par toute l'équipe des Enfoirés qui, tels les apôtres, sont devenus à leur tour les porte-parole médiatiques de la cause sur le terrain et à la télévision.

L'interprète de l'idée doit savoir exploiter son temps de parole médiatique, adapter son discours au type de média : le temps court du journal télé n'appelle pas la même formulation que le temps long d'une réunion publique. Le porte-parole doit avoir le « sens de la formule », la capacité d'exprimer l'idée qu'il défend de façon concise et surprenante.

Chacun a en mémoire le fameux « abracadabrantesque » de Jacques Chirac. En septembre 2000, en plein scandale autour de la « cassette Méry » qui le met en cause dans des opérations financières survenues lors de son mandat à la Mairie de Paris,

---

1. Source : www.restosducoeur.org.

Jacques Chirac s'en sort par une formule retentissante. Alors que chacun le croit acculé, au journal télévisé de France 3, il surprend : « Aujourd'hui on rapporte une histoire abracadabrantesque. » Le mot finira par faire plus de bruit que l'affaire. L'idée, lorsqu'elle se révèle sous une forme disruptive, peut être salvatrice.

La plupart des porte-parole n'étant pas des génies de l'improvisation, ce type de formule est travaillé en amont des interventions médiatiques dans des *brainstormings*. Les conseillers en communication et autres *spin doctors* préparent des saillies capables de faire mouche et d'être reprises en boucle dans les médias. Dans le cas d'« abracadabrantesque », c'est, semble-t-il, Dominique de Villepin qui est allé exhumer ce terme chez Rimbaud.

Les sorties géniales, apparemment improvisées, comme le célèbre : « Vous n'avez pas le monopole du cœur » de Valéry Giscard d'Estaing face à François Mitterrand en 1974, sont l'exception. La célèbre provocation de De Gaulle déclarant à Montréal, en 1967 : « Vive le Québec libre », était bien évidemment préparée. Selon Dale C. Thompson, auteur de *De Gaulle et Le Québec*, le Général aurait confié à son gendre pendant la traversée de l'Atlantique : « Je compte frapper un grand coup. Ça bardera, mais il le faut. C'est la dernière occasion de réparer la lâcheté de la France[1]… » On peut être le Général, avoir des idées fortes, et ne pas oublier de préparer l'appel que l'on porte…

---

1. THOMPSON, Dale C., *De Gaulle et Le Québec*.

Comment lancer une idée sans qu'elle vous retombe dessus

> *« Dans les idées comme dans les dîners, si l'on désire être remarqué, ce qu'il y a souvent de mieux, c'est d'arriver le dernier. »*
> Fernand Vanderem, *Gens de qualité*

On murmure à l'oreille des chevaux, mais on ne chuchote pas une idée à l'oreille de son voisin. Pour percer le bruit ambiant, le murmure n'est pas suffisant, même si le bouche à oreille peut jouer son rôle. Une idée, c'est comme une balle de baseball. On la frappe, on ne la pose pas délicatement sur la batte.

Pour réussir le *home run*, la parfaite mise sur orbite, des obstacles sont à franchir. Des millions d'idées, des petites de « quat'sous » aux grandes utopiques, rivalisent chaque jour pour conquérir nos cerveaux. Pour exister, une idée, aussi géniale soit-elle, doit réussir à se faire entendre dans cette grande cacophonie quotidienne démultipliée par Internet, devenu un gigantesque Café du commerce mondial. Dans la noosphère, une idée rivalise avec toutes les idées de toute nature qui cherchent chaque jour à attirer l'attention et à « scotcher » nos cerveaux.

Le lancement d'une idée ne doit pas se contenter de prendre le dessus par rapport aux idées du même ordre, mais par rapport à la totalité des idées qui circulent chaque jour.

CHOISIR LA FENÊTRE DE TIR

La communication à grande échelle passe par des goulots d'étranglement. Les médias sont encombrés et ne disposent que d'une place limitée. Ils hiérarchisent les informations diffusées. Mieux vaut arriver un jour creux plutôt que le lendemain d'un événement planétaire qui n'aurait rien à voir avec votre idée.

Pour réussir le lancement de son idée, il faut que tous les clignotants soient au vert. À l'instar du tir d'une fusée Ariane sur la base de Kourou, le contexte météo doit être favorable. Cela signifie d'avoir, avant le déclenchement, analysé le contexte, maximisé la force subversive de l'idée, défini le ou les porte-parole, optimisé la formulation de son message et choisi les médias adaptés.

Le moment du décollage est fondamental. Dans la plupart des cas, mieux vaut être le premier que le dernier. Cela permet de déposer son idée, juridiquement parlant, s'il s'agit d'une idée matérialisable, et d'en faire reconnaître la paternité. Les imitateurs passeront pour des suiveurs et, bien souvent, l'original sera préféré à la copie.

Dans certains cas, pourtant, mieux vaut attendre que d'autres aient essuyé les plâtres pour récupérer la mise. À condition, bien entendu, d'amener une différence significative par rapport à l'existant. Apple, on l'a vu, a raflé le marché du baladeur MP3 parce que son look et son ergonomie, liée au logiciel iTunes, étaient révolutionnaires et objectivement supérieurs à la concurrence.

Beaucoup d'idées avortées ressuscitent parce que le contexte a changé ou que le crédit du porte-parole et la mise en forme de l'idée sont supérieurs. Qui se souvient du babouvisme ? Cette doctrine préfigure le communisme. Le géomètre révolutionnaire François-Noël Babeuf, plus connu sous le nom de Gracchus Babeuf, la formule. Avec la conjuration des Égaux, en 1796, il met en avant l'idée d'égalité entre les hommes par la collectivisation des terres et des moyens de production et prône la poursuite de la révolution pour y parvenir. Il faudra attendre presque cinquante ans de plus, et l'émergence visible du prolétariat, pour que Marx donne toute sa puissance à cette idée, que l'on appellera désormais « communisme » ou « marxisme », mais plus jamais « babouvisme »... Il en va des idées politiques comme des inventions, elles sont souvent le fruit de créateurs multiples qui les font avancer, chacun à leur manière, jusqu'à ce que l'un d'eux y imprime sa marque et se l'approprie.

S'ARRACHER À L'ATTRACTION TERRESTRE

Chaque fois qu'une nouvelle idée entre dans le champ, elle perce un rideau de résistance. La pensée dominante est conservatrice et lutte pour son maintien. Comme l'explique Edgar Morin, les idées s'érigent en « système d'idées qui tendent à résister aux critiques et réfutations externes et visent à éliminer tout ce qui tend à les perturber. Plus l'idée est radicale, plus elle dérange l'ordre établi, plus elle génère de forces agressives à son encontre[1] ». L'idée phare de la campagne de Nicolas Sarkozy en 2007, « Travailler plus pour gagner plus », aurait pu être étouffée par la perception dominante de la civilisation du loisir incarnée par l'idée de la réduction du temps de travail et le « progrès des 35 heures ». « Objectif

---

1. MORIN, Edgar, *op. cit.*

zéro SDF », l'idée-force de Lionel Jospin lors de la présidentielle de 2002, a péri sous les coups des associations d'aide aux SDF qui ont hurlé à la démagogie, y voyant une remise en cause de leur existence même.

Chaque jour des millions d'idées meurent, faute d'avoir réussi à traverser le champ contraire des opinions dominantes. La résistance peut être passive ou active. Le rôle des lobbies est de tuer dans l'œuf toute subversion qui remet en cause l'ordre établi. Le lobby laitier lutte contre l'idée que « le lait pourrait être mauvais pour la santé ». Le nucléaire agit pour être considéré comme une énergie alternative, propre. Le monde des idées est une jungle, un univers impitoyable dans lequel il est difficile de s'imposer.

Les idées périssent quand elles n'ont pas été lancées avec une puissance suffisante. Il ne faut pas avoir peur du combat. Quand l'affrontement est inévitable, il faut l'assumer. Mieux, combattre une idée pied à pied permet d'être à égalité avec la tenante du titre. Dans les années 1960, le petit loueur de voitures Avis a conquis sa crédibilité en se lançant dans le combat de la publicité comparative avec le leader archi-dominant Hertz dans une des campagnes les plus célèbres de l'histoire de la publicité américaine. Sur le thème, « C'est parce que nous sommes seulement numéro 2 (derrière Hertz) que nous sommes condamnés à en faire plus » (en anglais, « *We try harder*[1] »), Avis a multiplié les exemples de services compétitifs, allant de la promesse de rembourser la location de voitures si les cendriers n'étaient pas propres, jusqu'à donner le numéro de téléphone du président d'Avis au cas où les clients ne seraient pas satisfaits.

---

1. GRIGGS, Robyn, « Avis Makes No. 2 an Enviable Position. (Doyle Dane Bernbach Inc's 1962 campaign for rental car company) ».

ALLUMER LES PROPULSEURS AUXILIAIRES

Une idée est à l'identique d'un projectile lancé dans l'atmosphère : elle perd mécaniquement de sa puissance avec le temps. Plus le lanceur la pousse fort au décollage, plus elle traverse vite les turbulences des forces contraires, plus elle va loin et résiste à l'usure. Laquelle n'est pas fatale mais dangereuse, car elle crée la possibilité pour une idée alternative de s'imposer. Le débat sur le foulard islamique a pu exister dans les années 2000 parce que l'idée de la laïcité comme fondement de l'école était devenue une idée molle, jamais vraiment relancée depuis la querelle sur l'enseignement privé des années 1980. Même chose, on l'a dit, pour l'idée européenne, qui a cédé sous les coups des souverainistes et des antilibéraux lors du référendum constitutionnel de 2005.

Les idées sont de la matière vivante. Elles bouillonnent, s'échangent, se frottent, provoquent des réactions nouvelles en permanence. Une idée inerte est une idée morte (comme on parle d'une « langue morte »), c'est-à-dire désactivée. Elle appartient à un substrat commun, mais ne voyage plus de cerveau en cerveau. Elle a perdu sa puissance, le nombre de personnes qui la partagent (plus ou moins consciemment) et s'engagent pour la défendre est réduit à presque rien.

Mais, heureusement, une idée qui meurt peut être ranimée, comme une flamme sur le point de s'éteindre. Il faut la réalimenter, la reformuler, la repositionner. C'est le travail quotidien des responsables du marketing des entreprises. Trouver pour leurs marques les courants porteurs, (re)packager les produits et les relancer. Illustration : dans les années 1970, il n'existait quasiment qu'une seule marque d'huile, l'huile Lesieur, réputée pour la qualité de son arachide. Unilever anticipe alors l'arrivée de la mode de la légèreté alimentaire. Il décide de repositionner son huile de tournesol et sa margarine sur le thème du *light* en utilisant pour figure emblématique le professeur Tournesol. En s'élevant dans les airs, le héros créé par Hergé renvoie l'arachide de Lesieur du côté du lourd et du gras. Le succès est foudroyant et donne à Fruit d'or le leadership absolu du marché dans les années 1980. Malgré tous ses efforts de communication (elle va jusqu'à faire appel au célèbre photographe Oliviero Toscani pour réaliser ses films), Lesieur, qui a racheté l'huile de tournesol Aurea pour la rebaptiser Lesieur Tournesol, n'arrive pas à rattraper l'avance de Fruit d'or. Une seule solution, préempter la tendance suivante, celle des alicaments et de l'équilibre alimentaire, voie ouverte par Danone avec son fameux Bio. Lesieur lance alors Équilibre 4 devenu Isio 4 et renoue avec un succès qui lui permettra de reconquérir son leadership.

Autre exemple, la lessive, le marché réputé le plus disputé du monde, où chaque point de part de marché représente une fortune. Omo était depuis le milieu du siècle dernier une des marques de lessive préférées des Français dans les études, mais une des moins achetées car le produit était perçu de faible qualité. Surfant sur l'arrivée des lessives « micro », Unilever, le propriétaire d'Omo, décide de créer Omo Micro. La firme s'offre une grande campagne de publicité où des singes imitent les démonstrations lessivielles traditionnelles dans un langage improbable : le « poldomoldave » (« touti rikiki maousse costo ») ! Immédiat, le succès a donné une deuxième vie à la marque.

Ce qui vaut pour un produit qui lave plus blanc que blanc peut aussi fonctionner pour les idées non marchandes. Vous voulez relancer une idée ? Reformulez-la, changez son packaging, réactualisez son discours et organisez sa promotion.

Greenpeace a brillamment relancé la cause écologique en une nouvelle formule liée à un nouveau mode d'action, pacifiste mais spectaculaire : l'envoi de bateaux sur les lieux de risque écologique. Il convient d'y ajouter un nom, un look, un positionnement sur des sujets symboliques comme les essais nucléaires et une communication pensée pour être reprise gratuitement par les médias. Tous les ingrédients de l'efficacité y sont. Olivier Besancenot a décidé de dissoudre la Ligue communiste révolutionnaire, mouvement trotskyste, pour créer le Nouveau Parti anticapitaliste, et « changer de braquet ».

Prenons, *a contrario*, la relance ratée de l'idée européenne avec la mise en place de l'euro. L'acte était audacieux et spectaculaire et conduisait à l'abandon de monnaies historiquement fortes comme le franc et le mark. Mais si la monnaie était nouvelle, son bénéfice pour les Européens n'a pas été tangible. Au contraire, un inconvénient, la hausse des prix, a pris la vedette.

CORRIGER CONSTAMMENT LA TRAJECTOIRE

Une idée peut avoir été délaissée et retrouver un sens. L'intuition que la Terre tourne autour du Soleil n'est devenue vérité (que l'on pourrait définir comme une opinion 100 % consensuelle) que tardivement. De même, dans l'art, les précurseurs de tendances « expérimentales » ne sont plus toujours vivants quand leur intuition s'impose à tous. Pour qu'une idée réapparaisse avec succès, elle doit se trouver en quelque sorte un nouveau courant d'air. D'où l'intérêt d'analyser en permanence les tendances pour dénicher les idées qui peuvent redevenir d'actualité et définir la formulation la plus pertinente du moment. Au passage, il est amusant de voir combien cet air du temps se nourrit lui-même du passé, sur un rythme générationnel.

Un produit qui s'adapte en permanence à l'évolution de son époque offre une éternelle jeunesse à sa marque. Les constructeurs automobiles ou les fabricants de vêtements renouvellent sans cesse leur gamme pour demeurer dans leur époque. Il ne suffit pas de conserver un témoignage rituel pour qu'une idée perdure. La messe dominicale a été utile pour fidéliser les chrétiens, mais s'est révélée insuffisante pour recruter de nouveaux adeptes. Un événement original comme les JMJ (Journées mondiales de la jeunesse) sert davantage l'attractivité de l'Église que tous les rituels réunis. Les idées se nourrissent de preuves tangibles, de symboles nouveaux qui prouvent leur bien-fondé dans l'actualité.

Toutes les formulations ne vieillissent pas à la même vitesse. Certaines, ancestrales, n'ont pas pris une ride : « Aimons-nous les uns les autres » est une formule vieille de deux millénaires, mais son actualité est telle qu'une candidate socialiste à la présidentielle l'a utilisée en 2007 en plein stade Charléty, lieu mythique de l'histoire de la gauche.

Mais la plupart des idées n'ont pas cette jeunesse éternelle. Elles se flétrissent avec le temps. Dans ce cas, leurs promoteurs doivent recourir au lifting et leur faire retrouver leur éclat de problématiques contemporaines. En vingt ans, la SNCF est passée d'une phase de logique d'équipement (« Le progrès ne vaut que s'il est partagé par tous ») à une phase orientée client, plus concurrentielle (« À nous de vous faire préférer le train ») puis à une phase d'accompagnement de la transformation de l'entreprise (« Donner au train des idées d'avance »).

L'idée écologiste s'est réincarnée dans le concept plus large de responsabilité citoyenne planétaire et de développement durable. Concept que personne ne connaissait, il y a seulement dix ans ! Garder une idée vivante nécessite de la relancer en permanence pour qu'elle soit en phase avec les aspirations du moment.

Une vraie idée ne meurt jamais. Elle se fossilise si plus personne ne s'y intéresse. Mais elle est, telle la Belle au bois dormant, toujours prête à être réveillée. MG Rover, héritier du constructeur automobile anglais historique British Leyland, avait laissé s'endormir son produit phare, la Mini. Jusqu'à ce que BMW rachète l'entreprise et la relance sur un positionnement de jouet pour adultes, avec succès. Les grandes idées s'endorment plus qu'elles ne meurent. Elles végètent dans un coin de nos cerveaux, dans notre inconscient collectif.

Certaines disparaissent quand elles deviennent vérités. L'envoi d'un homme sur la Lune, par exemple, est passé du statut d'idée utopique à celui de fait historique en 1969. Mais il ne faut pas confondre les idées qui sont des faits avérés avec celles qui apparaissent vraies parce qu'elles génèrent du consensus. Comme l'écrit Edgar Morin, « le problème du vrai noologique n'est pas seulement celui de la vérité de fait, il est aussi celui des aspirations vraies qui évidemment peuvent être trompées… L'idée fausse, ainsi, peut vaincre la vraie, parce qu'elle convient mieux ou qu'elle trompe bien[1] ».

L'idée que « le lait est bon pour la santé » a longtemps été consensuelle au point qu'un président du Conseil, Pierre Mendès-France, avait imposé, pour lutter contre les carences alimentaires et l'alcoolisme, la distribution de lait dans les écoles et les casernes. Mais cela n'établit pas pour autant une vérité scientifique ou médicale. Depuis quelque temps, nombre de médecins et nutritionnistes remettent en cause cette croyance et dénoncent les méfaits pour la santé d'une consommation excessive de laitages. La vérité d'hier ne sera pas forcément celle de demain.

---

1. MORIN, Edgar, *op. cit.*

L'envie de l'homme de voler comme un oiseau remonte à la nuit des temps. Le mythe d'Icare et le progrès technique ont presque permis de réaliser ce rêve. Mais tant que chacun ne pourra pas à tout instant choisir entre « marcher » ou « voler », cette idée continuera à motiver les inventeurs de tout poil. Il existe déjà un bateau volant sur l'eau qui s'appelle l'« Hydroptère »... La voiture volante, elle, est annoncée pour bientôt par deux sociétés concurrentes, Moller avec sa Skycar[1], et Urban Aeronautics avec la X-Hawk[2]. Qui réalisera en premier le rêve d'Icare ?

Ce qui s'éteint parfois n'est pas l'idée mais ses incarnations concrètes. La matérialisation peut mourir, mais l'idée d'origine reste vivace ou, au pire, s'endort. Des milliers de modèles de voitures ont disparu. Mais l'idée d'automobile est plus vivante que jamais. Jusqu'au moment où la pénurie de pétrole lui aura substitué un nouvel engin. Lequel répondra toujours à l'aspiration d'un moyen de transport individuel, idée qui a peu de chance de disparaître tant que l'espèce humaine vivra, sauf à voir l'idée de la téléportation, chère aux auteurs de science-fiction, prendre sa place... Bref, l'idée que « les idées ne meurent jamais » est une idée bien vivante.

Pour qu'elles ne meurent pas, il faut les entretenir dans la durée. Au travers d'actions, d'actes tangibles et de communications pertinentes utilisant les bons médias et les bons interprètes.

Chaque prise de parole doit être faite au nom de la même idée centrale, de façon à enrichir en permanence son capital, sa disruption, ce qui fait qu'elle rompt avec la convention. À l'exemple de Leclerc qui, depuis trente ans, cherche à démon-

---

1. « Flying saucer "nears US take-off" », *BBC News*, 31 août 2007.
2. Associated Press, « Israeli company working on flying car for military, rescue », 1er février 2007.

trer par sa communication qu'il se bat au côté du consommateur pour faire baisser les prix. La lutte contre la vie chère est l'ADN de la marque, son code génétique, son « mème » qui lui donne sa force et son énergie. Le combat du père a été repris par le fils dans les années 1980 sous l'angle de la lutte contre les monopoles, qu'ils soient bancaires, pétroliers ou pharmaceutiques.

Cette recherche de la cohérence vaut pour tous. De nombreuses associations caritatives ont du mal à définir leur ADN dans un univers de plus en plus concurrentiel. On donne plus facilement son argent au Téléthon, qui se focalise sur les myopathies une fois par an, qu'à la Fondation de France qui regroupe toutes les grandes causes toute l'année.

Lancer une idée en évitant qu'elle vous retombe dessus, c'est réussir son décollage immédiat et garantir sa pérennité. En veillant à ce que chaque acte de communication la renforce, protège son intégrité et alimente sa dynamique. Un moyen très utile pour remonter à son essence, à sa part immortelle en quelque sorte, consiste à s'interroger en permanence sur l'idée qui se cache derrière l'idée. Derrière chaque intuition novatrice, il faut se demander ce qui se cache derrière, quelle convention elle remet en cause, quelle vision elle perturbe, quelle disruption elle opère. L'idée idéale se révèle souvent en remontant la chaîne à la recherche de « l'idée derrière l'idée ».

Le lancement d'une idée est crucial car il donne une impulsion unique. Mais de nombreuses idées n'ont pas éclos en un seul jour, et ont été l'aboutissement d'un processus beaucoup plus long. On peut convaincre le monde en un jour et disparaître. Ou convaincre en un siècle et vivre à tout jamais. Le lancement raté d'une idée n'est pas rédhibitoire. Si l'idée est forte, elle aura une deuxième chance. Tant qu'il y a de l'idée, il y a de l'espoir.

Troisième partie

La communication de l'idée : formule, symboles, histoire, preuves, médias

Du « et si ? » décapsuleur au choc de la formule

> *« Les idées générales ne peuvent s'introduire dans l'esprit qu'à l'aide des mots. »*
> Jean-Jacques Rousseau, *Discours sur l'origine et les fondements de l'inégalité parmi les hommes*

« Et si ? » Ces deux mots sont un sésame. Ils ouvrent la porte du monde merveilleux des idées. Les idées n'émergent que si elles remettent en cause un ordre établi, si elles bousculent les certitudes. Le « et si ? » est une formule explosive. Elle permet de rompre avec les conventions, d'instiller le doute, ce carburant de l'inventivité, bien connu des scientifiques. C'est parce que l'on ose explorer des voies nouvelles et penser contre l'évidence que l'on trouve des solutions nouvelles. Le doute cartésien est productif. Selon la légende, c'est en se promenant le soir et en voyant une pomme tomber qu'Isaac Newton se serait dit : « Et si la lune tombait elle aussi ? », ouvrant ainsi la voie à la loi de la gravitation universelle. Pour produire de l'inédit, le plus simple est de systématiquement se poser la question : « Et si je remets en cause telle ou telle convention, qu'est-ce que cela donne ? » Cela génère souvent un très grand nombre d'idées. Toutes ne sont pas pertinentes. Mais il suffit d'une pépite...

« ET SI ON CHANGEAIT NOTRE MANIÈRE DE VOIR LES CHOSES ? »

La nouvelle stratégie mondiale du groupe Mars pour Pedigree, sa marque de nourriture pour chiens, est née, par exemple, au cours d'une réunion avec son agence TBWA\Chiat\Day appelée : « *Disruption Day* », visant à chahuter les conventions du marché de la nourriture pour chiens. La marque Pedigree était mondialement connue, mais son savoir-faire spécifique n'était pas reconnu. D'où l'idée disruptive apparue au cours de la séance : « Et si nous étions une société dédiée aux chiens et non une société dédiée à l'alimentation ? » Elle a entraîné un positionnement nouveau mis en musique à travers une campagne de publicité mondiale : « *We are for dogs* », en français « une affaire de chiens[1] ». Un grand nombre d'idées nouvelles ont jailli grâce à ce positionnement inédit : « Et si l'on autorisait les employés à venir au travail avec leur chien ? », « Et si l'on mettait une photo de nos chiens au dos de nos cartes de visite ? », « Et si l'on ouvrait des bars conçus pour les personnes avec leur chien ? », « Et si l'on finançait les refuges pour chiens abandonnés à l'occasion de nos promotions ? », etc.

Le « et si ? » fonctionne comme un décapsuleur. Sa force est de pouvoir s'appliquer aux idées les plus théoriques (« Et si Dieu existait ? »), les plus scientifiques (« Et si l'on pouvait faire des calculs intégrant l'infini ? »), les plus pratiques (« Et s'il existait un tire-bouchon qui requiert moins d'effort de l'utilisateur ? »), les plus commerciales (« Et si j'ouvrais mon magasin le dimanche ? »).

Quelle que soit la manière dont elle naît, il est utile de comprendre les forces et limites d'une idée. Quelle était la

---

[1]. DRU, Jean-Marie, *La Publicité autrement*.

situation avant qu'elle ne surgisse ? Comment sera le monde après ? Quel impact aura-t-elle sur la vie de tous les jours ? Comment l'incarner et la diffuser ? Bref, répondre en une page à la question : « C'est quoi l'idée ? » et intituler ce document « Et si ? » est le chemin le plus sûr pour aller au bout d'une idée.

TROUVER LA FORMULE MAGIQUE

Mais l'avoir mise à jour ne garantit pas le succès de sa diffusion. Pour cela, il faut trouver les mots, ce que les publicitaires appellent un « slogan ». L'enjeu est de passer de la formulation « stratégique » à la formule choc qui va permettre d'exprimer l'idée de la manière la plus concise et la plus adaptée à sa diffusion. De passer, exemple inspiré d'un ancien candidat à la présidentielle, de : « Et si on remettait en cause la philosophie des 35 heures ? » à : « Travailler plus pour gagner plus. »

La formule idéale est celle qui confère à l'idée l'attractivité maximale. Plus elle est surprenante, plus elle génère de curiosité et d'intérêt. Plus elle est désirable, plus elle est mémorisée et transmise. Les meilleures idées sont celles que l'on a envie de retenir et de partager.

Elles ont cette propriété magique de se transmettre par duplication. Quand vous donnez un objet, vous le perdez, quand vous donnez une idée, vous la gardez ! Les formules chocs ont le don d'augmenter la capacité virale des idées.

Les groupes créés sur Facebook recrutent sur la magie de quelques mots. Les internautes qui ont trouvé une formule originale fédèrent en quelques jours plusieurs milliers de personnes. Recruter le plus grand nombre d'adhérents est d'ailleurs devenu un objectif en soi sur Facebook, et nombreux sont les groupes qui ne sont créés que dans ce but. Ainsi *The Largest Facebook Group Ever* (Le Plus Grand Groupe Facebook de tous les temps) compte plus de 1,2 million de membres[1].

Mais l'idée trouve vite sa limite. Ceux qui tentent de rivaliser sur ce créneau obtiennent des résultats beaucoup plus décevants : *The Most Popular Group on Facebook* (Le Groupe le plus populaire de Facebook) ne rassemble que 59 membres[2] – en un bel oxymore.

D'autres groupes ont choisi un angle un peu différent. *Let's set and break a* Guinness Record !!! Approved by guinnessworldrecords.com (Établissons et battons un record du *Guinness Book* !!! Approuvé par guinnessworldrecords.com) s'aide d'un symbole fort, un record qui vaudra diplôme à chaque membre. Mais, en dépit de cette carotte, son effectif reste faible[3]...

Avec plus de 5 millions de membres[4], soit l'équivalent de la population totale de la Finlande[5], le groupe le mieux pourvu porte un nom bien moins explicite : *Six Degrees Of Separation – The Experiment* (Six degrés de séparation – L'expérience). Il repose sur une idée forte qui lui préexistait : la loi des six degrés de séparation. Selon cette théorie, deux personnes prises au hasard sur la terre sont séparées au maximum par une chaîne de six personnes : la personne A connaît quelqu'un qui connaît quelqu'un qui connaît quelqu'un... qui connaît la personne B. C'est ainsi que vous n'êtes qu'à six personnes au maximum de Hu Jintao ou de Zinedine Zidane. Sans doute moins de six pour Zidane : vous avez forcément un ami ou un membre de votre famille qui joue au football (1). Son

---

1. Au 9 juillet 2009.
2. *Idem.*
3. 33 788 membres au 9 juillet 2009.
4. Au l9 juillet 2009.
5. *The Economist, Pocket World in Figures*, édition 2007.

entraîneur (2) connaît le directeur technique régional (3) qui connaît le président de la Fédération (4) qui connaît Zizou. Rien d'extraordinaire, mais l'idée de se savoir aussi proche de n'importe quel personnage de l'humanité est puissante. L'histoire parle à l'imaginaire. Au point d'inspirer des auteurs comme le dramaturge américain John Guare qui s'en est inspiré pour écrire une pièce[1] adaptée au cinéma en 1993, avec Will Smith dans son premier grand rôle[2].

Facebook démontre à quel point la formulation compte pour créer l'adhésion à une idée et lui permettre de traverser les âges. Parmi les formules qui ont passé les siècles : « Aimons-nous les uns les autres » est bien plus efficace que : « Et si tout le monde s'aimait ? » ; « Tu ne tueras point », plus performant que : « Et si l'on bannissait le meurtre ? » ; « Vive le Québec libre » plus frappant que : « Et si on donnait au Québec son autonomie ? » ; ou : « Il faudrait être fou pour dépenser plus », plus séduisant que : « Et si c'était mieux d'acheter plus souvent des chaussures pas chères ? ». Sans parler du célèbre slogan de *Paris-Match* « Le poids des mots, le choc des photos », au cœur du sujet de ce chapitre.

La formule n'a pas besoin de tout dire. Elle peut fonctionner comme le rappel d'une image symbolique. « Abracadabra » synthétise en un seul mot le pouvoir transformateur de la magie. La « fracture sociale » renvoie à l'analyse chiraquienne de la société, « travailler plus pour gagner plus » à la vision sarkoziste. C'est ce qu'on appelle l'effet « hologrammatique » : un des éléments évoque tous les autres. En lançant : « Aux armes, citoyens », je renvoie à la totalité de l'hymne national. En disant : « Liberté, Égalité, Fraternité », je rappelle

---
1. GUARE, John, *Six Degrees of Separation: A Play*.
2. *6 Degrees of Separation*, réalisé par Fred Schepisi, MGM Entertainment.

un grand pan de l'histoire de France, incluant la Révolution française et la Déclaration des droits de l'homme. « Être ou ne pas être, telle est la question » réveille d'un coup notre culture shakespearienne. Et « Quelqu'un m'a dit », l'univers des chansons de Carla Bruni...

Trouver une formule est un plus, pas une obligation. Un très grand nombre d'idées se diffusent chaque jour sans « formule qui tue ». Mais les idéologies les plus durables sont toutes associées à – au moins – une formule qui a franchi le temps : « *Peace and love* » pour le pacifisme, ou « la lutte des classes » pour le marxisme, « *Carpe diem* » pour l'épicurisme, ou « *Allah Akbar* » (« Allah est le plus grand ») pour l'islam.

Les politiques sont parmi les plus gros consommateurs de formules pour diffuser leurs idées. C'est lié à la nature de leur métier : faire adhérer à leurs opinions. Depuis Aristote, nul besoin de rappeler l'importance de la maîtrise de la rhétorique pour qui recherche le pouvoir. La primauté de la télévision sur les autres médias, en particulier écrits, les oblige ensuite à s'inscrire dans un temps d'expression très court lorsqu'ils s'adressent aux citoyens. D'où l'usage, sinon l'abus, de petites phrases, pour percer dans un environnement très encombré en très peu de temps. Les Anglo-Saxons les appellent des *soundbites*, des « bouchées sonores ».

Les journalistes sont aussi condamnés à être des experts de la formule, en particulier dans le titre de leurs articles. L'enjeu d'un bon titre est analogue à celui d'un bon slogan publicitaire : susciter l'intérêt du public, en lui proposant un angle, un positionnement original, dans une forme excitant sa curiosité. C'est le principe du *teasing*, qui attise l'intérêt ou le désir.

La simplicité est la première qualité d'une bonne formule. Il est impératif de ne pas compliquer la vie de celui que l'on veut transformer en apôtre. La « politesse de forme » est un atout.

L'esthétique de la formule doit créer l'envie de s'en souvenir et de la diffuser. Enfin, il faut qu'elle recèle assez de sens pour que ceux qui en entendront parler dans un siècle soient curieux de connaître l'origine de son histoire.

La meilleure façon de trouver une formule pour son idée, c'est de chercher le titre du livre que l'on pourrait écrire pour la diffuser : simple, il doit interpeller, donner envie de découvrir et synthétiser le contenu. *À la recherche du temps perdu*, *Bonjour tristesse*, *Les Particules élémentaires*, *Les Bienveillantes*, *Quand la Chine s'éveillera*... ou *99 Francs*, autant d'exemples de bons titres ! Frédéric Beigbeider est resté publicitaire à son corps défendant en trouvant des titres très vendeurs à chacun de ses livres : *L'amour dure trois ans*, *Nouvelles sous ecstasy*, *L'Égoïste romantique*, *Au secours pardon*...). Les militants des mouvements antipub sont bien souvent aussi d'excellents publicitaires. À l'exemple de Naomi Klein, auteur de *No Logo*[1].

Simplicité ne signifie pas toujours concision. Une formule longue permet de raconter le début d'une histoire, comme l'a démontré avec humour le publicitaire Jacques Séguéla, reprenant une expression américaine, dans l'un des titres les plus longs que l'on puisse imaginer : *Ne dites pas à ma mère que je suis publicitaire, elle me croit pianiste dans un bordel*, battant de peu Woody Allen avec son *Tout ce que vous avez toujours voulu savoir sur le sexe sans jamais oser le demander*.

Dans une campagne de publicité pour les plats cuisinés Marie, le mari de « Marie », incarné par l'acteur Jean-Claude Dreyfus, apparaissait dans la cuisine pour inciter les femmes à fournir un effort supplémentaire parce que « ce n'est pas parce que c'est déjà fait qu'il ne faut rien faire ». Quand on demandait aux gens quel était le slogan de la marque, personne n'était

---

1. Actes Sud, 2001.

capable de restituer la bonne phrase. Tout le monde avait compris l'idée, mais personne n'en restait à la version initiale. Signe que l'essentiel n'est pas dans ce qui est dit, mais dans ce que les gens retiennent. Le slogan doit anticiper la capacité d'interprétation du récepteur.

CHOISIR LE BON NOM

Une très bonne idée de produit réussira toujours, quel que soit son nom. Même s'il est imprononçable, un nom peut s'avérer un élément de distinction, comme le prouve le succès mondial des glaces Häagen-Dazs ou de la bière Hoegaarden. Il existe même une margarine en Angleterre qui détourne l'impossibilité juridique de s'appeler beurre allégé en se baptisant d'un des noms les plus longs de la grande consommation : *I Can't Believe It's not Butter* (Je ne peux pas croire que ce n'est pas du beurre).

Un nom n'est jamais un problème rédhibitoire, mais créer un nom est toujours une opportunité. Dans un système de circulation des idées de plus en plus complexe et compétitif, il se révèle un facteur de notoriété et d'image, indispensable à qui veut accélérer l'évangélisation de son idée.

En baptisant leur firme Apple, symbole concret de l'évidente simplicité technologique de leur invention, Steve Jobs et Steve Wozniak ont contribué davantage à son succès que s'ils lui avaient donné leur nom. De même Richard Branson, pourtant fort peu modeste, a choisi de nommer sa marque Virgin et non Branson. Cela lui a permis de l'étendre jusque dans le transport aérien ou la téléphonie, bien au-delà de sa maison de disques d'origine. France Telecom a racheté une fortune l'entreprise de téléphonie anglaise fondée par Hans Snook, en grande partie pour la magie de sa marque : Orange, et son potentiel mondial. Un grand nombre d'entreprises de la génération Internet ont compris l'intérêt de créer des noms simples et forts : Yahoo!, Amazon, eBay, Google, Wikipédia, MySpace, YouTube, Facebook, Twitter... Des noms très mémorisables, dotées souvent de porte-parole jeunes mais charismatiques favorisant le bouche à oreille digital – le buzz.

Le nom n'est pas seul à l'origine de ces services en ligne. Il n'est qu'un des éléments du « mix ». Mais sa force a permis à ces sites d'occuper plus rapidement une position dominante et de la garder en rendant plus difficile l'émergence d'un concurrent. À long terme, mieux vaut s'appeler Orange que France Telecom, Poweo qu'EDF, Google que MSN, Apple qu'IBM... Le nom d'une association ou d'un parti politique répond à la même logique. Mieux vaut s'appeler Greenpeace qu'ACE (Association pour le combat écologique), Ni pute ni soumise que MLFB (Mouvement de libération des femmes de banlieues).

Bien souvent, « *nomen est omen* », le nom est présage. En donnant à son idée un nom original et fort, on lui donne plus de chance d'être repérée et diffusée.

J'ai une affection particulière pour un nom créé avec mon ami Ivan Gavriloff, expert en la matière, pour un artiste utopiste nommé Jean-Marc Philippe, qui s'était fait connaître pour avoir adressé des messages aux Martiens, et leur avoir expédié à domicile (je veux dire sur Mars) une sculpture lors d'un vol de la Nasa. Son nouveau projet consistait à lancer un satellite dans l'espace en « squattant » un vol d'Ariane 5, satellite programmé pour revenir sur la planète Terre dans environ... 50 000 ans. À son bord des messages de terriens que pourraient lire leurs descendants. Le projet s'appelait « L'oiseau archéologique du futur ». Nom signifiant mais peu mémorisable et faiblement international. J'ai fini par convaincre Jean-Marc qu'il lui fallait un nom plus simple, plus mondial, évocateur et poétique. Nous avons choisi « Keo », qui est composé avec les lettres et les sons les plus prononçables dans toutes les langues du monde. Je ne sais pas si Keo décollera un jour, en hommage à son créateur aujourd'hui disparu, mais il aura fait décoller l'imagination des millions de « keonautes » qui ont laissé sur Internet leur message à la postérité[1]. Et si l'on pouvait communiquer aujourd'hui avec nos descendants lointains ?

---

1. www.keo.org.

La puissance des images, la force du symbole

> « Qu'est-ce qu'une idée ? C'est une image
> qui se peint dans mon cerveau. »
> Voltaire, *Dictionnaire philosophique*

La croix, la colombe, le drapeau européen, mais aussi l'étoile jaune ou les tours du World Trade Center, autant d'images qui véhiculent des idées. Les meilleures comme les pires. L'image est un langage plus universel que l'écrit. Elle dépasse les frontières de la langue, elle transmet les mêmes émotions à des personnes culturellement très différentes, quel que soit leur âge ou leur niveau d'étude.

Une idée s'exprime par des mots, mais elle a besoin de symbole pour élargir sa diffusion. En exposant sous le titre *Fontaine* un urinoir à l'envers, Marcel Duchamp ne savait pas que son œuvre deviendrait le symbole du dadaïsme. Duracell ignorait que son lapin passerait à la postérité. Michelin avec son Bibendum a créé le logo commercial le plus célèbre de la planète. Toutes les marques mondiales ont cherché à développer la notoriété de leur emblème : le *swoosh* (la virgule) de Nike, les trois bandes d'Adidas, le M de McDonald's, le coquillage de Shell…

GÉNÉRER UNE IMAGE MENTALE

L'association d'une image à une idée accroît l'ancrage mémoriel. « Le poids des mots, le choc des photos », disait à juste titre *Paris-Match*. Les grands livres fondateurs des religions ont tous des discours imagés. En représentant chaque aspect de la nature humaine sous les traits de l'animal qui le symbolise le mieux, les *Fables* de La Fontaine donnent des leçons de morale plus frappantes que tous les traités. La publicité en a tiré les enseignements : rien n'est plus efficace qu'une idée incarnée par un visuel. L'image transforme une théorie en élément sensible, qui est facteur d'adhésion. La représentation d'une idée concrète génère une trace parfois indélébile. L'épisode de la madeleine de Proust a marqué à jamais tous ceux qui ont lu *Du côté de chez Swann*, mais aussi tous ceux qui n'ont pas encore eu le courage de se lancer dans la *Recherche du temps perdu*.

Une publicité en France est devenue célèbre pour avoir, en moins de trois semaines, laissée un souvenir historique à une génération. Il s'agit de la campagne pour Avenir Publicité diffusée en 1981 en trois vagues successives : « Demain, j'enlève, le haut », suivie de « Demain, j'enlève le bas » et enfin la photo de « Myriam », nue (mais de dos) et la signature : « Avenir, l'afficheur qui tient ses promesses ». Vingt ans plus tard, cette campagne était connue par plus de la moitié des jeunes de 20 ans qui pourtant n'ont jamais eu l'occasion de la voir réellement. Le bouche à oreille a fait son travail générationnel.

Le patin à glace qui rayait l'émail de Cif ammoniacal, le cow-boy de Marlboro, le visuel des Alpes sur l'étiquette d'Evian sont des images actives qui incarnent parfaitement leur marque. À chaque fois, le cerveau se repasse une mini-démonstration : quand il voit le lapin Duracell, il se souvient que sa performance dure plus longtemps… Les personnages dans la publicité

(Géant vert, Don Patillo, Monsieur Marie, le Bibendum Michelin, etc.) jouent un rôle essentiel. Tous développent une action démonstrative. Voir Mr. Propre, c'est sentir que tout brille autour de lui.

Dans la sphère non marchande, cette notion d'image mentale active est insuffisamment exploitée même s'il existe, bien sûr, quelques exceptions marquantes comme l'affiche « La Force tranquille » de François Mitterrand en 1981, ou le poing à la rose du parti socialiste. La Croix-Rouge est une image mentale extraordinairement active parce que chacun s'imagine potentiellement sauvé par elle.

Une simple couleur peut aussi exercer cette dimension symbolique : le vert pour l'écologie, le mauve pour le chocolat Milka, le jaune pour Hertz, le rouge pour Avis ou l'orange pour la marque éponyme.

Même chose pour la musique avec le jingle de Dim, de Mr. Propre, ou de Ricoré, l'ami du petit déjeuner, pour ne pas citer le lancinant « Carglass répare, Carglass remplace » que la radio nous a infligé ces dernières années. La musicalité accroît le pouvoir de diffusion mémétique. Les comptines enfantines se transmettent de génération en génération. On peut ignorer tous les poèmes de l'histoire (ce qui est dommage), et connaître parfaitement les paroles d'une dizaine de comptines remontant à plusieurs siècles. À l'exemple d'*Il pleut il pleut bergère*, composée en 1780 par Fabre d'Églantine, ou de *Frère Jacques*, qui, selon certaines sources, aurait été composée au XIVe siècle. Cette fonction communicative de la musique se retrouve dans les chants religieux aussi bien que les manifestations : de l'air des lampions à la scansion caractéristique de « Ce n'est qu'un début, continuons le... combat », en passant par *Le Chant des partisans*, *L'Internationale*.

LA DISTINCTION

En matière visuelle, comme en matière sonore, la disruption paie : rien ne vaut une image distinctive qui rompt avec le code commun. Qu'il s'agisse d'un choix typographique (comme Apple ou Orange) ou d'une aspérité visuelle (par exemple la manière d'écrire une lettre comme le C du logo de Carrefour, ou le M de McDonald's). L'identité visuelle d'une idée est de plus en plus essentielle. Les grands portails Internet mondiaux ont tous des noms simples, facilement mémorisables, nous l'avons vu, mais aussi un design et une charte graphique qui les rendent très reconnaissables. Il en va ainsi de Yahoo!, de Google ou de Facebook.

Depuis toujours les pays ont développé cette approche logotypique symbolique. Au travers des drapeaux, dont le plus ancien connu, le drapeau de Shadhad, un étendard métallique retrouvé en Iran en 1971, aurait près de 5 000 ans[1]. Ou par l'entremise des blasons et armoiries qui permettaient de reconnaître l'appartenance à un groupe de chevaliers dont les visages étaient masqués par leur heaume.

Désormais, les villes et les collectivités locales travaillent aussi sur leur identité. New York a réussi à imposer une « phrase visuelle » au monde entier, le fameux « *I love NY* », *love* étant représenté par un cœur rouge. C'est aussi le cas des organisations non gouvernementales ou des associations qui ont besoin d'être reconnues dans un univers plus concurrentiel qu'il n'y paraît. Pierre de Coubertin l'avait anticipé en concevant le drapeau olympique en 1913, représentant les 5 continents et les 6 couleurs (avec le fond blanc) utilisées par la totalité des autres drapeaux du monde à l'époque.

---

1. SADIGH, Soudabeh, « Iran's most ancient banner go on display in national museum ».

Les religions ont été les premières à saisir l'intérêt d'une image symbolique humanisée. Le Christ en croix est l'une des plus fortes de l'humanité. Elle véhicule l'idée de la mort rédemptrice (Jésus est mort pour nous sauver), elle offre au croyant un bénéfice fort en lui faisant revivre en une seule image toute la vie de Jésus et son calvaire. L'Église catholique a démultiplié les images actives avec la Sainte Vierge, les apôtres, les saints, etc. Elle les entretient avec ses lieux de culte.

Les logotypes ont eux aussi l'avantage de se charger d'une histoire et de la restituer, à la manière d'un hologramme. Une simple photo des tours du World Trade Center ramène à l'idée criminelle qui a germé dans le cerveau de Ben Laden.

Chaque symbole fort est plurivocal et dispose *a minima* d'un double sens. Un médecin qui souhaite promouvoir un nouveau point de vue médical a tout à gagner à apparaître en blouse blanche. Steve Jobs ou Richard Branson soignent particulièrement leurs interventions médiatiques pour diffuser l'image d'eux-mêmes qui sert le mieux le lancement de leurs innovations. Les hommes politiques ont aussi l'obsession de la photo signifiante. Celle qui incarnera le mieux l'image qu'ils veulent donner (le dynamisme du jogger) ou reflétera les réformes qu'ils entendent mener (l'homme politique au Salon de l'agriculture, à l'hôpital, dans une usine), etc.

Il est pratiquement impossible de se forger une image active aujourd'hui sans moyens de diffusion forts. Certes, une idée peut se développer en comptant sur sa dynamique propre, liée à sa force subversive intrinsèque, au crédit de son créateur, et à la qualité de son lancement. Elle peut aussi bénéficier d'une caisse de résonance gratuite à travers le buzz Internet et médiatique. Grâce à la facilité de création digitale, certains amateurs réussissent à créer des images actives fortes sur YouTube, à l'exemple des expériences Mentos-Coca, ou des chorégraphies du groupe de rock OK Go (leur clip *Here it Goes Again* a été vu plus de 47 millions de fois[1] et a même été repris dans la série *Les Simpsons*[2]).

CRÉER L'ÉVÉNEMENT

Mais une idée n'arrivera pas à imposer une image mentale (passive ou active) durable sans moyens de diffusion conséquents. Sauf si elle entre dans le champ événementiel de manière tellement spectaculaire qu'elle force la une des médias mondiaux.

Les marques doivent recourir, elles aussi, au spectaculaire pour imposer de nouvelles idées, de nouveaux produits. Elles entretiennent une période *teasing* pour faire monter l'intérêt, puis elles « événementialisent » leur lancement. PlayStation, Apple ou certains films américains arrivent à créer, le jour de la sortie de leur produit, une très forte image active grâce à la publicité gratuite des médias du monde entier. L'un des exemples les plus récents a été le lancement de l'iPhone d'Apple avec la médiatisation de files d'attente de deux jours avant la vente du premier modèle. Le but de ces événements (que l'on appelle aussi « marketing expérientiel ») est à la fois de marquer les esprits par une expérience unique et mémorable, et de donner envie à ceux qui l'ont vécue d'en devenir le relais. L'objectif est de laisser une image forte. Telle celle du champion olympique chinois s'élevant dans les airs lors de l'inauguration des Jeux de Pékin en 2008, ou celle de l'affiche Adidas à Tokyo intitulée « *Vertical Football* » qui met en scène deux footballeurs suspendus jouant avec un ballon à 150 mètres du

---
1. Au 10 juillet 2009.
2. « Husbands and knives », *The Simpsons*, saison 19, épisode 7.

sol. Une manière d'illustrer l'idée de la marque, « *Impossible is nothing* », bien plus puissante qu'une campagne télévisée 100 fois plus coûteuse.

DEVENIR UN SYMBOLE

Une image forte peut devenir un symbole. Deux athlètes noirs levant chacun leur poing serré et ganté aux Jeux olympiques de Mexico, François Mitterrand tenant la main d'Helmut Kohl devant les tombes de Verdun, autant de moments de l'histoire qui sont aussi des images construites. « Gandhi au rouet », incarnation de l'attitude humble et pacifique du Mahatma qui refusait le machinisme imposé par le colonisateur, a dépassé le statut d'image pour devenir pur symbole : si l'on regarde bien le cliché, on s'aperçoit que le Mahatma n'est pas, contrairement à l'image mentale que chacun en a, en train de filer. Il est simplement assis à côté de son rouet, en train de lire. Lorsque Margaret Bourke-White, la photographe de *Life Magazine*, a été autorisée à entrer dans sa chambre, le Mahatma avait en fait fini sa séance quotidienne de filage pour se consacrer à la lecture de sa revue de presse[1]...

Les images symboliques fortes circulent aujourd'hui grâce à Internet sous format photo, mais aussi vidéo. Elles ont l'avantage de pouvoir être construites plus rapidement et à moindre coût qu'autrefois. Mais elles présentent l'inconvénient d'être modifiables, retouchables et malléables sans que la source puisse être facilement authentifiée. Cela ouvre la porte à toutes formes de manipulation. La falsification de la photo des charniers de Timisoara en 1989, lors de la chute du régime Ceausescu en Roumanie en est devenue le symbole. Une

---

[1]. KELLER, Emily, *Margaret Bourke-White: A Photographer's Life*.

photo falsifiée laissait supposer l'existence de milliers de morts (certains médias en annonçant plus de 70 000) là où il y en eut finalement 93[1].

Mais le passage symbolique de l'écrit à l'image est irréversible. Comme le souligne Régis Debray, nous sommes passés de la logosphère, où l'écrit dominait, à la vidéosphère, où règne l'image dont l'effet est spécifique : « En profondeur, l'image force et taraude. Elle insiste et résonne[2]. »

Les images sans mots nous aveuglent. Sans accroche, elles sont muettes ou excessivement polysémiques. C'est l'association pertinente des mots et des images (les publicitaires diront « des accroches et des visuels ») qui permet l'expression forte et complète des idées.

---

1. HALIMI, Serge, « Les vautours de Timisoara ».
2. DEBRAY, Régis, *Vie et mort de l'image – Une histoire du regard en Occident*.

Les idées ne se font pas sans histoire

> « Quand une idée se saisit trop de moi
> au milieu de la rue, je tombe. »
> Stendhal, *Vie de Henry Brulard*

L'homme se nourrit d'histoires. Toutes les civilisations reposent sur la transmission orale, puis écrite, et maintenant audiovisuelle. Roger Schank, chercheur en sciences cognitives et en intelligence artificielle, a une bonne formule : « Les êtres humains ne sont pas faits pour comprendre la logique, mais les histoires[1]. » D'où l'importance des paraboles dans la Bible, le Coran et la littérature bouddhiste. D'où l'efficacité pédagogique de l'analyse des cas, toujours formulée sous l'angle d'une histoire.

TOUTE UNE HISTOIRE

Chacune de nos journées est pleine de lectures, de petites histoires que nous nous racontons devant un tableau, au bureau ou au bistrot.

---

1. SCHANK, Roger, *Tell Me a Story: A New Look at Real and Artificial Memory*.

La publicité télévisée raconte, elle aussi, des petites histoires de trente secondes. Pourquoi ? Le mieux est de vous en raconter une. Un aveugle est assis sur le pont de Brooklyn. Il a posé sur le sol un carton sur lequel est écrit « aveugle de naissance » pour solliciter le bon cœur des passants. Mais la foule passe, indifférente. Arrive un publicitaire qui modifie le texte. Subitement, les dons affluent. Qu'a-t-il inscrit ? « Aujourd'hui, c'est le printemps, et je ne le vois pas. » Cette parabole résume la publicité : elle réussit quand elle raconte une histoire qui interpelle, touche et pousse à agir.

Une histoire, c'est magique. La phrase : « Il était une fois... » a le pouvoir de faire taire tous les enfants. Pour les adultes, commencer une conversation par : « Tu ne connais pas la dernière histoire de... ? » est la meilleure façon d'attirer l'attention. Pour captiver un interlocuteur objet de multiples sollicitations, il faut lui donner envie d'écouter, mettre en avant le principe de plaisir, plus que l'effort ou le drame. « Quand on s'invite tous les soirs à dîner chez les gens sans y avoir été convié, la moindre des choses, c'est d'être drôle », disent les publicitaires. Non seulement il faut se faire pardonner de déranger, mais aussi donner envie d'écouter pour avoir une chance d'être réinvité.

LA STRATÉGIE DES DEUX R

Une bonne histoire doit jouer sur les émotions pour s'ancrer dans les cerveaux. Faire rêver ou faire rire, peu importe le vrai, le vraisemblable suffit. La preuve, les publicités pour Sony Bravia, où la démonstration de la qualité de couleur du téléviseur passe par des « lâchers de couleur » spectaculaires dans la ville. Ou la publicité Air France, « Faire du ciel le plus bel endroit de la terre », où les analogies de confort mises en scène dans des lieux paradisiaques sont tout de même assez loin de la réalité du confort à bord de l'avion, fût-il d'Air France.

L'autre registre émotionnel par excellence est l'humour, dont la publicité use (et parfois abuse). Beaucoup de spots sont conçus comme des histoires drôles, ou *a minima* visent à faire sourire, pour emporter l'adhésion du téléspectateur. L'humour ajoute de l'empathie et augmente la confiance dans le message. C'est le fameux « Je sais que tu sais que je sais » qui rend le second degré plus efficace que le sens premier. Les campagnes de Neuf Telecom jouaient intelligemment de ce registre en mettant en scène un directeur marketing et son publicitaire dans les coulisses de la conception des spots.

RACONTER DES HISTOIRES

Une bonne histoire se diffuse mieux. Qui n'a pas envie de répéter à ses amis l'histoire drôle qu'on lui a racontée et qui l'a tant fait rire ? Cette dimension « transmissible » est essentielle pour l'efficacité de la contagion, le buzz. Plus l'histoire contient un élément saillant surprenant (« Tu te souviens de la pub qui... ? »), plus elle a des chances d'être diffusée. Ce dont témoigne le succès de YouTube, le plus grand site de partage d'histoires audiovisuelles de la planète.

Les hommes politiques aussi ont compris qu'il leur fallait « raconter des histoires ». Sarkozy le premier. Il l'a même théorisé publiquement. L'ascenseur non réparé, la cage d'escalier non éclairée sont plus parlants que des statistiques sur l'état des banlieues. Les journalistes, eux-mêmes, aiment tenir « une bonne histoire » et mettre en scène l'information sous une forme scénarisée.

Les faits, en réalité, ne sont qu'un fondement dont les effets dépendent du sens qui va leur être imprimé. C'est la base du travail des spécialistes de la politique et de l'information, les *spin doctors* : ils tordent et tournent *(to spin)* les faits dans un sens favorable à leurs clients. Ils proposent des histoires qui les incorporent tout en leur conférant le sens qui convient.

Dans les jours qui ont suivi le 11-Septembre, les membres de l'administration Bush ont abusé de la comparaison entre l'attentat contre les Twin Towers et l'attaque de Pearl Harbor. Ils ont cité à de nombreuses reprises le célèbre *Infamy Speech*, discours où FD Roosevelt dénonçait l'attaque japonaise. Ce parallèle puisait dans l'Histoire pour galvaniser l'opinion et lui fournir une lecture de l'événement qui corresponde aux expressions d'une guerre traditionnelle[1]. Les termes employés, « *axis of Evil* » (axe du Mal) ou « *war on terror* » (guerre contre la terreur), ont développé cette idée, jusqu'à entraîner les États-Unis dans un véritable conflit.

Les meilleures histoires sont celles qui étonnent. La surprise peut venir du point de départ (l'accroche) ou du point d'arrivée (la chute) ou des deux. Mais plus l'histoire « vient de loin », plus elle marquera, un peu comme une météorite.

La provocation peut aussi s'avérer efficace à condition de ne pas être « gratuite ». La campagne de l'Italien Benetton sur « toutes les couleurs du monde » avait bien marché, car elle était fondée sur un produit (« toutes les couleurs *de pull* du monde ») et une attitude humaniste qui conduisait à mélanger les races, les couleurs de peau et les archétypes, jusque dans des images provocantes : un curé (en noir) embrassant une religieuse (en blanc). Mais lorsque Benetton a poursuivi dans la pure provocation (photo d'un malade du sida sur son lit de mort), il a coupé le lien avec le sens de sa démarche et sa communication est devenue contre-productive.

---

1. JACKSON, Richard, *Writing the War on Terrorism: Language, Politics and Counter-Terrorism*.

La subversion est plus importante que la provocation elle-même. Surtout quand elle revêt les habits de l'humour et de l'empathie. Les communications les plus efficaces sont celles qui disent des choses très radicales sur le fond, mais rendues acceptables par la forme. Dans les années 1980, Pepsi-Cola avait produit un film comparatif avec Coca-Cola, baptisé *L'Archéologue*. Il mettait en scène dans un futur lointain, un professeur qui emmène sa classe d'adolescents visiter une maison des années 1980, ruine poussiéreuse du passé. Le professeur explique l'origine de vestiges comme une guitare électrique. Quand soudain, un élève déterre dans le sol une bouteille de verre (dont la forme est caractéristique de Coca-Cola) et demande à son professeur : « Qu'est-ce que c'est, professeur ? » Celui-ci prend l'objet, le dépoussière, le met à la lumière, le tourne dans tous les sens avant de répondre : « Je n'en ai pas la moindre idée ». Apparaît alors la signature : « Pepsi, le choix de la nouvelle génération ». Peut-on être plus agressif à l'endroit de son concurrent qu'en l'enterrant vivant ?

LA FORCE DE L'*INSIGHT*

L'efficacité de l'histoire vient très souvent de la part de vérité qu'elle recèle. Comme dans un roman qui de manière décalée vous renvoie aux éléments essentiels de votre vie, l'histoire ne fonctionne que si elle déclenche dans le public un rapport au réel qui le fait adhérer, un élément lié à sa propre vie.

Les Anglo-Saxons appellent cela l'*insight*, terme sans équivalent en français que l'on pourrait traduire comme « le fait marquant reconnu comme vrai ». Un *insight* est une observation, un fait ou une opinion, issu de la vie quotidienne, dont la particularité est d'être perçu comme vrai de manière générale, donc générateur d'adhésion.

Les responsables marketing des entreprises et leurs agences en communication recherchent ces *insights* dans les études de comportements. Études quantitatives fondées sur des approches statistiques, mais aussi qualitatives, voire ethnologiques quand elles plongent au cœur de nos vies quotidiennes. Certains des groupes les plus populaires de Facebook reposent sur des *insights*, des faits consensuels révélateurs surprenants. *I Want to Punch Slow Walking People in the Back of the Head* (J'ai envie de frapper derrière la tête les gens qui marchent trop lentement) regroupe plus de 1,3 million de membres[1]. *I Flip my Pillow Over to get to the Cold Side* (Je retourne mon oreiller pour avoir le côté frais) rassemble plus de 600 000 membres[2]. *I Use my Cell Phone to See in the Dark* (J'utilise mon téléphone portable pour voir dans le noir) réunit plus de 700 000 membres[3]. C'est la magie de l'*insight*. Il crée un facteur formel d'adhésion à l'idée.

Lors des manifestations pro-Tibet au passage de la flamme olympique à Paris, un spectateur (dont l'histoire a montré qu'il n'était probablement pas français[4]) s'est attaqué à la flamme portée par Jin Jing, une jeune sportive chinoise handicapée, qui l'a protégée depuis son fauteuil roulant. Les Chinois ont saisi cette image forte et symbolique pour s'ériger en victimes et condamner la France. Le consensus s'est fait naturellement autour de la vérité universelle qu'on ne s'attaque pas à une handicapée.

Pour que le public adhère, il doit partager une vérité, fondée sur un fait « imparable » (que les Anglo-Saxons appellent la *reason why*, la « raison objective »), ou sur une opinion

---

1. Au 10 juillet 2009.
2. *Idem.*
3. *Idem.*
4. POUILLE, Jordan, « Mais qui a bousculé Jin Jing ? ».

génératrice de consensus (une *reason to believe*, une « raison subjective de croire »). Pour vendre séparément des couches pour garçons (paquets bleus) et pour filles (paquets roses), Pampers s'est appuyé sur la croyance que filles et garçons n'urinent pas de la même manière (*reason to believe*), croyance elle-même fondée sur la différence objective de forme des deux sexes (*reason why*). Cet *insight* imparable (« les filles sont physiologiquement différentes des garçons ») a permis à Procter & Gamble de totalement dominer son marché. Il a pu revenir quelques années plus tard aux couches unisexes, le plus gros de sa concurrence avait disparu !

Les idées de marque les plus fortes et durables sont celles où une vérité particulière rencontre une vérité universelle. Pour revenir à l'exemple de Benetton, son succès publicitaire dans les années 1980 est né de la rencontre entre la vérité particulière de la marque (des pulls de toutes les couleurs) et une vérité générale de la vie (un monde métissé est un monde meilleur), message que diffusait remarquablement la campagne « *United Colors of Benetton* ».

« *Just do it* », de Nike, est une vérité particulière de la marque (les chaussures et vêtements que Nike produit sont issus du jogging, un sport qui met l'accent sur la volonté et la liberté individuelles) et une vérité générale de la vie (« Si on veut, on peut »). De même pour Adidas, le slogan « *Impossible is nothing* » (Rien n'est impossible) est une vérité générale qui correspond à la vérité particulière du sport (« Les records sont faits pour être battus »).

LE POUVOIR DES PARABOLES

Les idées les plus puissantes sont celles qui racontent des histoires tellement fortes qu'elles ne nécessitent pas d'être racontées deux fois. Soit parce qu'elles disposent d'une force de conviction immédiate, soit parce que la démonstration est éclatante. L'idée américaine de mettre fin à la Seconde Guerre mondiale en employant la force nucléaire au Japon s'est avérée efficace jusqu'à l'épouvante.

Dans un registre plus léger, le film mythique de lancement d'Apple en 1984 n'a été diffusé qu'une seule fois, au Super Bowl. Ce qui ne l'a pas empêché d'être élu, plus de vingt ans plus tard, meilleur film publicitaire du siècle aux États-Unis[1].

Pour s'imposer, une idée gagne parfois à développer plusieurs histoires. C'est souvent à la deuxième ou à la troisième démonstration que l'idée se comprend et prend toute son ampleur, indépendamment de la forme (de l'histoire) qui a servi à la communiquer. La démultiplication des messages permet de ratisser plus large et de convaincre davantage ceux qui sont déjà sensibles à l'idée. En ayant plus de miracles à raconter, les apôtres ont plus de munitions pour faire du prosélytisme. Très souvent, une marque va utiliser en même temps plusieurs messages pour imposer une idée nouvelle. Chaque exemple renforce le précédent et permet de toucher un public différent.

Le mieux est de démultiplier dès le départ les illustrations de son idée. Mais gare au risque de dispersion. Si l'on veut éviter que les histoires se télescopent, l'expérience publicitaire montre qu'il est préférable de ne pas envoyer un deuxième message tant que 70 % du public n'a pas eu l'occasion de voir au moins trois fois le premier.

L'ensemble des histoires racontées « au nom » d'une idée constituent son histoire. L'idéal pour maîtriser la diffusion d'une idée est de fixer cette histoire pour la postérité. De

---

1. ELLIOTT, Stuart, « Advertising: A new ranking of the "50 best" television commercials ever made ».

la Bible au Coran, du *Capital* à *La Nausée*, du *Manifeste Dada* au traité de Rome, la plupart des idéologies ont imprimé leur histoire.

L'ART DE LA NARRATION

Le pouvoir de conviction des histoires est tel, qu'aujourd'hui, le *storytelling* a envahi toutes les sphères de la diffusion culturelle. Comme l'explique Christian Salmon dans son excellent livre *Storytelling, la machine à fabriquer des histoires et à formater les esprits*[1], désormais « les managers doivent raconter des histoires pour motiver les salariés, les militaires en Irak s'entraînent sur des jeux vidéo conçus à Hollywood et les *spin doctors* construisent la vie politique comme un récit ».

Barack Obama et John McCain sont tous deux des auteurs consacrés. *Faith of my Fathers (La Foi de mes pères)*, publié en 1999 par McCain est resté 24 semaines d'affilée dans la liste des best-sellers du *New York Times*. Le livre a même été l'objet d'une adaptation en téléfilm en 2005. Quant à Barack Obama, son livre-programme *The Audacity of Hope (L'audace d'espérer)* a connu des chiffres de vente jamais vus pour un ouvrage politique : plus de 180 000 exemplaires vendus dans le mois qui a suivi sa sortie en octobre 2006. En février 2008, les ventes combinées de *The Audacity of Hope* et de *Dreams from my Father*, son précédent ouvrage, représentaient 35 000 exemplaires chaque semaine[2] !

Nicolas Sarkozy est l'un des plus grands conteurs d'histoires que la France a connus depuis de Gaulle. En sus des récits

---
1. SALMON, Christian, *Storytelling, la machine à fabriquer des histoires et à formater les esprits*.
2. ITALIE, Hillel, Associated Press, « Obama out front in book sales race ».

politiques dont il est le héros, il sert des romances sentimentales dignes des meilleurs romans balzaciens.

Le monde numérique et les mondes virtuels démultiplient la capacité de développer des histoires en parallèle. On peut aujourd'hui mener plusieurs vies, au risque de ne plus voir suffisamment la frontière entre réel et virtuel. *Double Life*, un film publicitaire remarquable de PlayStation en Angleterre, accumulait les témoignages sur les « exploits » accomplis dans la vie virtuelle comme s'il s'agissait de la vie réelle[1]. L'extraordinaire succès mondial *d'Harry Potter* montre à quel point l'être humain a besoin d'enchantement. Le mouvement de « désenchantement du monde » décrit par Max Weber dans *Le Savant et le Politique*[2] atteint ses limites : les explications rationnelles ne parviendront jamais à étancher la soif de mythes et de romans. Et d'ailleurs, est-ce souhaitable ? Comme le chante le Roi Lion du royaume Disney, la plus grande entreprise de divertissement du monde, « c'est l'histoire de la vie[3]… ».

---

1. Clio Awards, communiqué de presse « Sony PlayStation *Double Life* Selected As 2007 Clio Hall of Fame Inductee ».
2. WEBER, Max, *Le Savant et le Politique*.
3. Bande originale française *Le Roi Lion*, Walt Disney Pictures, 1994.

L'idée à l'épreuve de la preuve

> « *Si vous voulez avoir des idées propres changez-en comme de chemise.* »
> Francis Picabia, *Dits*

Il en va des idées comme de l'amour : pour durer, elles ont besoin de preuves renouvelées. Pour convaincre les « incroyants », mais aussi rassurer, fidéliser et donner des arguments d'évangélisation aux « croyants », rien de mieux que la répétition des miracles. Une idée ne peut faire son chemin que si elle est capable de s'ancrer dans les cerveaux par des éléments qui stimulent l'envie de croire.

Si les preuves ne sont pas suffisantes, en nombre ou en qualité, l'idée risque de disparaître. La force probante peut jouer en positif ou en négatif : une preuve non convaincante peut être de nature à jeter un doute sur l'idée, et la mettre en péril. Il suffit d'un élément pour jeter le discrédit et inverser une perception. Le mythe d'Uri Geller, ce « psychokinésiste » célèbre dans les années 1970 pour ses pouvoirs paranormaux et sa capacité à tordre les petites cuillères par la pensée, s'est effondré lorsque d'autres prestidigitateurs, comme James

Randi aux États-Unis[1] ou Gérard Majax en France ont réalisé les mêmes tours sans recourir à une explication surnaturelle. Sans preuve, la croyance en la réalité de ses pouvoirs s'est arrêtée. De médium, il est devenu charlatan.

LES PREUVES COMMUNICATIONNELLES

Les preuves doivent s'appuyer sur des faits. Des faits « produits », intrinsèquement liés à l'œuvre initiale du créateur. Ou des faits de communication pour renforcer la croyance, des preuves « communicationnelles ». Les premières peuvent plus ou moins se renouveler en fonction de la nature du produit et de sa capacité d'innovation : les téléphones portables se transforment technologiquement tous les ans, quand le cognac ou le champagne restent immuables. Les preuves communicationnelles, elles, peuvent être renouvelées sans limites, quel que soit le sujet.

Les coussins d'air de Nike sont une preuve « produit » et les magasins Nike Town des preuves communicationnelles. Quand Danone interroge : « Et si notre alimentation était notre première médecine ? », la présence de bifidus dans un yaourt est une preuve produit, l'Institut Danone pour la santé, une preuve communicationnelle. Le « contrat de confiance » de Darty qui garantit le prix le plus bas, rembourse la différence et offre le champagne à celui qui trouve moins cher ailleurs est une preuve communicationnelle structurelle. Vuitton, « l'âme du voyage », s'est nourri du sponsoring de la Coupe de l'America, la plus prestigieuse des courses de bateaux, preuve communicationnelle, complémentaire à la qualité de ses produits.

Dans le christianisme, la preuve « produit » pourrait être définie comme « la vie et la mort du Christ venu sur Terre pour

---
1. RANDI, James, *The Truth About Uri Geller*.

sauver l'humanité ». Mais l'idée chrétienne se déploie dans la durée au travers de preuves communicationnelles particulièrement efficaces : les miracles réels ou supposés que la foi suscite, du paralytique guéri par Jésus aux pèlerins de Lourdes, la célébration du culte hebdomadaire, l'existence physique des églises, ou l'organisation d'événements comme les Journées mondiales de la jeunesse ou les déplacements du pape. Autre registre, Médecins du monde se bat pour trouver une solution au problème des sans-abri. Formulé sous l'angle du « et si ? », cela donne : « Et si tous les sans-abri avaient droit à un logement ? » L'intervention au quotidien des équipes de médecins sur le terrain est la preuve « produit ». L'opération qui a consisté à distribuer des tentes aux sans-abri en 2005, un an avant que l'association Les Enfants de Don Quichotte ne reprenne l'idée est, elle, une preuve communicationnelle (dont l'efficacité est durable). L'idée « Et si on vivait selon les traditions ancestrales ? » s'est trouvée relancée par la création du parti politique Chasse, Pêche, Nature et Traditions et la présentation d'un candidat à chaque élection présidentielle.

Les sites Internet jouent de plus en plus le rôle de preuve communicationnelle. Toutes les idées sont sur le Web et l'utilisent pour se donner du crédit et se propager. L'usage du Net par Ségolène Royal et Nicolas Sarkozy lors de la dernière présidentielle française n'est rien à côté de celui d'Obama et de McCain lors de la dernière course à la Maison-Blanche. Un quart des Américains a déclaré « apprendre des choses sur Internet » à propos des élections et des candidats, soit deux fois plus que lors de l'élection précédente. Et ce chiffre est à multiplier au moins par deux pour les jeunes[1].

---

1. SMITH, Aaron, *Pew Research Center's Internet and American Life Project*, The Internet's Role in Campaign 2008.

Un site Internet « idéologique » aide à développer une communauté (d'apôtres) qui enverra des messages (évangélisateurs) à des amis. Ces sites transformeront de plus en plus l'économie non marchande (en particulier le monde associatif) car ils sont un moyen économique et efficace de recrutement, de mobilisation, et d'entretien. Hier, entretenir une communauté nécessitait beaucoup de temps, d'énergie et d'argent en impression de tracts, courriers, brochures et réunions. Aujourd'hui, on peut y parvenir de manière simple à très faible coût. Un bon blog suffit. Le Web a ainsi révolutionné la capacité des associations humanitaires à garder le contact avec leurs donateurs, en particulier lorsqu'elles interviennent dans des zones géographiques éloignées. Désormais, elles peuvent en permanence, à faible coût, par des mini-sites ou des blogs, communiquer sur leurs actions et nourrir l'attachement à leur cause.

Les marques commerciales développent, elles aussi, des sites « idéologiques » et pas simplement informatifs. L'un des plus étonnants est Dove.us créé par Dove, la marque cosmétique phare du groupe Unilever. Depuis quelques années, elle développe avec succès l'idée selon laquelle « chaque femme a sa propre beauté » et s'oppose à la convention des « canons » de la mode. Après avoir orchestré une campagne de publicité mondiale très populaire osant montrer la beauté des « vraies femmes », en particulier celles ayant des rondeurs, Dove a créé un site Internet. Elle l'a « publicisé » dans un film qui a obtenu le grand prix au Festival mondial de la publicité à Cannes en 2007[1]. On y découvre l'envers du décor de la mode à travers une femme qui, grâce aux miracles (mirages ?) du maquillage et du trucage informatique, devient un canon de

---

1. Ogilvy & Mather Toronto pour Unilever, *Evolution*, 2007.

beauté pour une affiche publicitaire. L'effet commercial n'a pas tardé : les ventes de la marque au Canada, pays où la campagne avait été lancée, ont connu une croissance à deux chiffres[1].

Pour devenir idéologies, les idées gagnent à recourir aux témoignages. La croyance que les Martiens existent se nourrit des récits de ceux qui ont pensé voir des soucoupes volantes. Le bouche à oreille *(one to one)*, les manifestations *(one to many)*, les médias (qui donnent la parole à l'homme de la rue), ou la publicité qui interroge les consommateurs satisfaits, connus ou inconnus, utilisent tous le témoignage, une forme de concrétisation probante de l'idée.

La publicité, à la différence de l'information, peut aussi inventer des personnages fictifs assez consistants pour acquérir une vraie notoriété, comme autrefois la Mère Denis des machines à laver Vedette, Monsieur Marie, ou Don Patillo, le sosie de Don Camillo, pour Panzani, sans parler plus récemment d'Alice pour la marque de télécom éponyme ou des deux moustachus du 118 218.

L'AVANTAGE COMPÉTITIF

Beaucoup de gens voient dans la communication un simple élément de mise en relation entre une offre déterminée – un objet – et un public. Mais l'idée communicationnelle transforme l'objet dont elle s'occupe. Elle crée une valeur ajoutée immatérielle. C'est vrai des parfums comme des yaourts. Le bifidus actif a sans doute été trouvé par un chercheur, qui, à un moment donné, s'est dit : « *Euréka*, j'ai une idée de produit. » Mais il a fallu ensuite une idée de communication pour

---

1. Canada.com, « Ready for their close-up », 31 août 2007.

valoriser le produit. Elle a été trouvée et brille par sa simplicité. Après un long travelling vertical sur un corps parfait qui émet un bruit de machine à laver au moment du passage sur l'estomac, apparaissait le slogan : « Bio, de Danone : ce qu'il fait à l'intérieur se voit à l'extérieur. » Le bifidus n'est qu'un ferment du yaourt de plus. Il s'agit d'une découverte publicitaire au moins autant que scientifique et son succès est communicationnel avant d'être technologique. C'est la magie de la communication que de transformer en grosse différence subjective un petit plus technologique.

Les innovations marketing sont des idées qui naissent non pas d'une logique de recherche indépendante des marchés, mais d'une recherche et développement « appliquée » qui cherche à répondre aux envies des consommateurs. Elles ont un enjeu : conférer un avantage compétitif au produit. Plus une marque affiche une différence qui ne peut être copiée, plus son avantage compétitif est durable.

La recherche de Procter & Gamble est au service du marketing plus que l'inverse. Même chose dans l'industrie automobile. Les constructeurs ne sont plus des fabricants mais des assembleurs, puisque la majeure partie des éléments sont fabriqués par des sous-traitants. Renault se proclamait d'ailleurs « créateur d'automobiles », ce qui est assez juste. Un constructeur crée un concept à partir des ingrédients dont il dispose, comme un chef dans sa cuisine.

Yoplait, lui, a dû s'y reprendre à deux fois avant de réussir le yaourt à boire. L'idée du Yop pourtant était aussi fraîche que le Walkman de Sony ! Et si je pouvais boire un yaourt quand je me déplace ? Mais le Yop a connu un énorme flop : trop neuf, inutile. Et puis, quelques années plus tard, le produit a été relancé sur une cible jeune et a connu un formidable succès.

Avoir une bonne idée oblige à connecter sa capacité d'innovation à « l'air du temps ». L'art de la création de valeur commerciale consiste à anticiper les enjeux et les attentes et à arriver « pile-poil » au bon moment et au bon endroit. Mais un concurrent peut toujours être plus rapide. Comme en témoigne un autre épisode de « la guerre des huiles ». En 1984, la femme du directeur marketing de Lesieur est sollicitée, par hasard, pour un test de consommation. Elle découvre que le grand concurrent de Lesieur, Astra Calve, se prépare à lancer une huile d'arachide « raffinée deux fois » nommée Éclat d'or, dont ils testent le film publicitaire sur des passants. Le soir même elle raconte cela à son mari... Branle-bas de combat chez Lesieur. Au vu des premiers tests, cette nouvelle huile d'arachide risque de faire un tabac et Astra Calve, déjà roi du tournesol avec Fruit d'or, de ravir à Lesieur ses dernières parts de marché dans l'arachide. Lesieur change alors la tuyauterie de ses usines pour faire transiter deux fois l'huile dans le système de raffinage et lance « Lesieur Arachide deux fois raffinée ». Résultat, Éclat d'or a raté son lancement et n'existe plus. Uniquement parce qu'une information avait « fuité », sans espionnage, mais par hasard. Cela illustre le risque majeur de toute nouvelle idée : être devancée ou trop rapidement copiée.

LA LÉGITIMITÉ DE MARQUE

Pour se prémunir contre ce risque, il faut avoir une identité de marque forte. La légitimité offre une protection supplémentaire. Un Bio (aujourd'hui Activia) de Danone sera toujours plus « santé » qu'un BA de Nestlé, parce que la marque française est plus légitime sur ce créneau (elle vient du lait) que son concurrent (qui vend du chocolat). Il faut ensuite trouver un concept difficilement copiable afin que le copieur consolide le statut de leader de celui qu'il copie. Michelin a inventé et breveté le pneu radial, et l'arrivée de concurrents ultérieurs l'a renforcé dans son leadership.

Lorsque l'on innove, il faut tout faire pour limiter la « copiabilité » en ajoutant des éléments subjectifs qui rendent uniques le produit. Le journal *Libération*, par exemple, a su réunir à sa naissance des ingrédients qui l'ont rendu très spécifique, dans un environnement peu favorable : il avait des parrains exceptionnels (Sartre), une raison d'exister très forte, d'où son nom, une innovation lisible (un regard social sur la culture et la société), une iconographie qui donne du sens et une forte éditorialisation de la une, comme une accroche publicitaire. Il était, d'une certaine manière, aussi innovant que le Macintosh débarquant en 1984 avec quatre apports majeurs : sa souris, sa corbeille, ses fenêtres et un écran qui dit bonjour.

Rien n'est plus efficace pour une marque que d'innover sur ses produits légitimes. Ainsi, Volvo a manqué une lourde opportunité en n'inventant pas l'airbag qui lui aurait permis de conforter son image de marque experte en sécurité. Il peut arriver aussi que l'invention d'un ingénieur formidable ne serve pas la marque. C'est la poule qui a pondu l'œuf et ne sait pas quoi en faire. Il est moins utile de payer des ingénieurs chez Fiat pour développer des airbags, puisque la sécurité n'est pas au cœur de son positionnement, que chez Volvo. Mieux vaut pour la marque italienne intégrer les airbags trouvés par les ingénieurs d'autres constructeurs le plus vite possible, et recueillir les bénéfices de l'innovation sans avoir eu à en supporter les coûts de recherche.

Pour éviter une dispersion suicidaire, la légitimité doit guider impérativement toute recherche de nouvelles preuves innovantes. Pour que S.T. Dupont, fabricant reconnu de briquets, puisse vendre des stylos, il faut qu'il le légitime. Qu'il dise, par exemple : « Je suis le raffinement, vous allez aimer mes stylos aussi raffinés que mes briquets. » Il doit ainsi préempter une valeur crédible par rapport à son métier de base pour s'ouvrir de nouveaux territoires de produits. Il est indispensable de créer ce lien logique fondé sur une valeur intermédiaire, sinon il n'y a aucune raison pour que les gens pensent spontanément que celui qui produit de bons briquets fabrique aussi les meilleurs stylos. Bic l'a compris, en exploitant sa valeur de simplicité absolue, du stylo au briquet en passant par le rasoir, jusqu'à aujourd'hui le téléphone portable[1]. Mais si cette valeur de simplicité a montré son efficacité dans les deux premiers objets, elle a échoué dans le parfum, où l'attente est beaucoup plus sophistiquée. Tout comme dans les portables !

L'EXTENSION DU DOMAINE DE L'IDÉE

Le rôle de la communication est d'ouvrir aux marques des marchés nouveaux, de permettre à Sony de se diversifier avec la PlayStation, à Apple de se lancer dans la musique avec l'iPod, ou à Leroy Merlin de réussir sur le marché de la décoration au-delà de son marché de base historique du bricolage.

Richard Branson est lui-même la valeur intermédiaire qui permet à Virgin d'envahir avec succès des marchés *a priori* sans aucun lien les uns avec les autres. *Virgin* veut dire « neuf », « vierge ». Donc, à chaque fois que Branson est dans la nouveauté, il est légitime. Qu'il descende en parapente ou en rappel dans une ville et tous les médias se précipitent à sa rencontre. Il est sa meilleure pub et peut entrer sur des marchés de manière presque aléatoire (après Virgin Mariage, à quand Virgin Plomberie ?).

---

[1]. « Bic et Orange vont sortir un portable "prêt à l'emploi" », NouvelObs.com, 12 juillet 2008.

Nous sommes dans un cercle vertueux de création, qui s'enrichit en permanence de l'air du temps et des attentes nouvelles des gens. Le point de départ consiste toujours à imaginer ce dont l'acheteur pourrait avoir envie. Du coup, la valeur ajoutée conceptuelle est placée au début de la chaîne, dans l'offre elle-même et pas uniquement au bout, dans la publicité.

Le système L'Oréal triomphe dans le monde entier parce qu'il est par essence créateur de valeur, le concept précède toujours le produit. Sur le marché des parfums, par exemple, on commence par définir l'idée qui va capturer pour la marque une nouvelle forme de séduction avant de définir le nom (Égoïste, Poison, Hypnôse, Trésor…), la fragrance ou le flacon du parfum.

Même chose pour la téléphonie. À l'origine, les fabricants de téléphones sont des équipementiers sans grosse culture marketing. Le taux d'équipement progressait tellement vite que l'enjeu pour eux était d'abord leur capacité à fournir la demande. Résultat : la valeur aujourd'hui est beaucoup plus chez les opérateurs (Orange, SFR, Vodaphone…) que chez les fabricants. Les Motorola et autres Nokia sont tombés dans le piège des fournisseurs, un peu comme Cibié ou Valéo dans l'automobile. Les ingénieurs ont trop longtemps ignoré ce qui séduit dans un téléphone : ses fonctionnalités et son look… Et ils se sont fait tailler en pièces par des Coréens qui, eux, n'ont pas oublié d'investir dans le design. Aujourd'hui, ils ont compris… Mais pour certains comme Motorola, il est déjà trop tard : en dépit du succès mondial de son Razr, l'entreprise envisageait, en 2008, de se séparer de sa division « fabrication de terminaux »[1].

---

1. HEISKANEN, Ville, THOMSON, Amy, « Motorola to split into two after phone sales slide (update10) ».

Seule consolation, on peut rater une innovation et en réchapper. Qui aurait pu dire qu'Apple, marque moribonde avant le retour de Steve Jobs, allait réussir une telle percée dans la musique, relancer ses ventes d'ordinateurs et menacer les fabricants de téléphones ?

Bonne nouvelle, les idées endormies peuvent toujours espérer trouver l'innovation charmante qui les réveillera.

La machine à diffuser les idées

> « *La misère des idées dans les intérieurs riches arrive parfois à vous apitoyer.* »
> Edmond et Jules de Goncourt, *Idées et sensations*

Contrairement à l'idée reçue, « prêcher dans le désert » ne signifie pas parler pour les pierres, sans être entendu. L'expression vient de l'Évangile. Aux dignitaires juifs qui lui demandent s'il est un prophète, Jean-Baptiste répond : « *Vox clamantis in deserto* » (Je suis la voix [de celui] qui crie dans le désert[1]). Il fait référence à une longue tradition de rencontre entre le peuple hébreu et son dieu dans le désert, et se présente comme le révélateur d'une parole divine. Mais, comme souvent, la version la plus conforme au sens commun l'a emporté. La perception dominante est devenue vérité. Nul ne doute aujourd'hui que le triomphe d'une idée dépend de l'efficacité de sa diffusion, en particulier au travers du système médiatique. Parler au maximum de bonnes personnes au bon moment.

---

1. Matthieu, 3.3 ; Jean, 1.23 ; Marc, 1.3.

LE PLUS VIEUX MÉDIA DU MONDE

Le premier média est le bouche à oreille. Une idée se transmet d'abord par une collection de mots, au mieux une formule, dans une logique de personne à personne. La troisième religion du monde, l'hindouisme, qui est aussi l'une des plus anciennes – elle remonte à 2 500 avant Jésus-Christ –, est issue d'une tradition orale qui s'est propagée pendant des siècles par le bouche à oreille. Le buzz n'a pas attendu Internet pour être efficace.

Ce système de diffusion est le plus économique puisque la réplication se répand de cerveau en cerveau sans intermédiation coûteuse. Chaque ambassadeur de l'idée s'oblige à en être le pédagogue et l'évangélisateur en s'adaptant à l'interlocuteur, en répondant à ses objections, jusqu'à, idéalement, obtenir sa conviction et son adhésion, et le transformer en apôtre de la cause. La pédagogie individuelle est le vrai moteur de croissance des grandes idées politiques, philosophiques ou religieuses.

Mais, nous l'avons tous expérimenté avec le jeu du téléphone arabe, le risque majeur du bouche à oreille est la déformation et la déperdition. En chinois, le jeu du « téléphone arabe » s'appelle d'ailleurs « l'erreur grossit en se transmettant de bouche en bouche ». Le risque de perte en ligne limite la performance du bouche à oreille. D'où l'avènement de l'écriture, dont l'un des objectifs initiaux était de conserver une version fixée, sans déformation ni déperdition, de l'histoire politique ou religieuse.

LES PAROLES S'ENVOLENT, LES ÉCRITS RESTENT

Le premier livre imprimé a été la Bible, dans sa version traduite en latin par saint Jérôme (la *Vulgate*), dont Johannes Gutenberg et ses associés tirent 180 exemplaires à partir de 1452. Gutenberg aurait dit : « Dieu souffre parce qu'une grande multitude ne peut être atteinte par la parole sacrée. La vérité est captive dans un petit nombre de manuscrits qui renferment des trésors. Brisons le sceau qui les lie, donnons des ailes à la vérité, qu'elle ne soit plus manuscrite à grands frais par des mains qui se fatiguent, mais qu'ils volent multipliés par une machine infatigable et qu'ils atteignent tous les hommes[1]. » Objectif atteint.

Gutenberg, contrairement à l'idée reçue, n'est pas « l'inventeur » de l'imprimerie, puisque Bì Shēng avait inventé les caractères mobiles quatre siècles plus tôt en Chine. Autre idée reçue, l'inventeur qui a révolutionné la diffusion des idées n'est pas mort célèbre, mais largement méconnu de ses contemporains, sa tombe à Mayence a même été perdue. Encore un créatif pour qui la mauvaise entente avec son associé investisseur fut fatale. Johann Fust, après un procès, confisqua l'outil de travail que Gutenberg avait créé… pour la postérité.

Aujourd'hui encore, rien ne remplace le livre pour diffuser les idées dans leur intégralité et les transmettre aux générations futures en respectant l'intention de l'auteur. Mais s'il joue un rôle irremplaçable, il constitue un média froid, à effet lent, par opposition à l'écrit « chaud », celui de l'actualité, apanage de la presse.

L'INVENTION DE L'INFORMATION

C'est au XVIIe siècle, probablement du fait du rythme des courriers postaux, qu'apparaissent les premières publications hebdomadaires ou bimensuelles, dans les villes allemandes

---

1. LAMARTINE, Alphonse de, « Gutenberg », *Vie des grands hommes,* tome 2.

et hollandaises. Elles contenaient en général des informations sur la politique extérieure et les guerres. La politique intérieure est laissée de côté, censurée par le très grand contrôle que le pouvoir exerce. Dès le début du XIXe siècle, les agences de presse commencent à se développer, en lien étroit avec le pouvoir politique. « Je fais tout ce qui dépend de moi, dans ma spécialité et dans mon humble position, pour être utile, je me suis dévoué au ministère, et je remplis loyalement le but que je me suis proposé de faire servir à son profit les moyens de publicité que je suis parvenu avec beaucoup de peine et de sacrifice à concentrer entre mes mains et à étendre partout », explique Charles Havas, fondateur de l'agence qui porte son nom, dans une lettre du 26 avril 1841 au ministre de l'Intérieur[1].

L'invention de la radio, souvent prêtée à Marconi, l'homme qui sut donner une valeur marchande aux travaux successifs de Morse, Edison, Hertz et Branly, révolutionne les médias. En 1920 débutent en Angleterre, aux États-Unis et en Russie, les premiers programmes quotidiens de radiodiffusion ; l'émetteur de la tour Eiffel diffuse son premier concert en 1921, et c'est en 1925 que la radio est utilisée pour la première fois pour une campagne électorale par Herbert Hoover[2].

Si le livre a d'abord été l'instrument de la diffusion des idées religieuses, la radio devient le premier vecteur des idées politiques. Hoover est élu président en 1928 avec 58 % des voix, un an avant le krach de 1929. Orson Welles, lui, démontre la puissance du média le 30 octobre 1938, en simulant une attaque martienne si réaliste que les auditeurs affolés descendent

---

1. LEFÉBURE, Antoine, *Havas, les arcanes du pouvoir*.
2. RUDEL, Anthony, « Before TV and the Internet – When radio was the first electronic medium ».

dans la rue[1]. Un média encore plus chaud que la presse quotidienne est né.

La plus grande révolution est celle qu'entraîne l'avènement de la puissance audiovisuelle du cinéma (1895) et de la télévision (1926). Le cinéma est une invention collective attribuée aux frères Lumière du fait de leur première projection payante au Salon indien du Grand Café de Paris le 28 décembre 1895. Mais Léon Bouly avait déposé un brevet pour un appareil « réversible de photographie et d'optique pour l'analyse et la synthèse des mouvements, dit "le Cynématographe Léon Bouly" » en 1892, dont il changea le nom en « cinématographe » en 1893. Encore une preuve que l'événement de lancement prend le pas sur la date du brevet, et que l'on peut apparaître comme l'inventeur, même si on ne l'est pas... Le premier film des frères Lumière est aussi l'ancêtre des films d'entreprise puisqu'il s'intitule *La Sortie de l'usine Lumière à Lyon*. Un film d'autopromotion en quelque sorte. Le langage audiovisuel se transforme grâce aux truquages dont Méliès est le pionnier. Avec l'arrivée du son en 1927, le cinéma devient audiovisuel. Avant que la télévision ne prenne son véritable essor après la Seconde Guerre mondiale.

Chaque média s'est ajouté au précédent sans jamais s'y substituer totalement, chacun jouant un rôle spécifique dans la diffusion de l'information, du divertissement, du savoir et des idées : contagion pour le bouche à oreille, pérennité pour le livre, immédiateté pour les journaux et la radio, puissance pour l'audiovisuel.

---

1. « Radio listeners in panic, taking war drama as fact », *The New York Times*, 31 octobre 1938.

LA MASSE DES MÉDIAS

Tous les médias n'ont pas le même poids dans la diffusion les idées. La télévision a pris un rôle archi-dominant du fait de sa puissance incomparable. Sa diffusion de masse se traduit par sa capacité à réunir des millions de personnes au même moment sur un même événement. Elle est en relation permanente avec tout un pays (les Français passent en moyenne trois heures et demie par jour devant leur télé[1]), et sa force de conviction est unique, elle allie le rationnel à l'émotionnel. Rien ne remplace la télévision comme catalyseur de l'opinion.

Les différents médias fonctionnent dans une logique d'interaction, ce qui peut démultiplier, de manière exponentielle, la diffusion d'une idée. Du porte-voix au téléphone, du télégramme au haut débit satellitaire, autant d'outils, fruits du progrès technique et technologique, qui structurent, contrôlent, régulent et amplifient les phénomènes « idéels ». L'opinion générale, somme de la convergence d'opinions innombrables, est aujourd'hui largement façonnée par les grands médias.

Une information ou une idée reprise en même temps par l'ensemble des supports aura plus d'impact qu'une idée diffusée successivement par chacun d'entre eux dans un temps différé. Chaque média joue sa partition dans cette symphonie dirigée par la télévision, dont la puissance instantanée est inégalable. D'où les stratégies de « rampe de lancement » qui visent, en fait, l'accès au petit écran. Les hommes politiques tiennent des propos en rupture dans la presse quotidienne ou à la radio, pour être repris au 20 heures des grandes chaînes. À l'époque où la publicité pour les distributeurs était interdite

---

1. Syndicat national de la publicité télévisée, *communiqué SNPTV janvier-octobre 2008* (chiffres Médiamat/Médiamétrie).

© Groupe Eyrolles

à la télévision, Michel-Édouard Leclerc publiait des publicités provocantes le matin en presse quotidienne afin d'être interviewé le soir au journal de 20 heures. Cette volonté d'accéder à la télé pour avoir plus de puissance peut aussi conduire à « formater » son idée pour lui donner le maximum de chances d'être diffusée. À l'exemple des « petites phrases » des hommes politiques ou des programmes courts des marques (comme *Du côté de chez vous* de Leroy Merlin).

MÉDIAS 2.0

Le rôle central de la télévision est aujourd'hui concurrencé par Internet. Les jeunes Américains[1], comme les Français[2], passent davantage de temps encore devant leur petit écran que sur la Toile, mais la consommation simultanée des médias devient de plus en plus grande[3] (je suis sur Internet en même temps que je regarde la télé, que j'écoute la radio ou que je réponds au téléphone) et ne fera que s'accentuer puisque, bientôt, télévision, téléphone et ordinateur ne feront plus qu'un[4].

Internet est un média « cannibale », qui englobe tous les autres : on peut regarder la télévision, écouter la radio, lire le journal, feuilleter un magazine et produire du bouche à oreille virtuel sur la Toile.

Internet modifie non seulement la logique de diffusion, mais aussi celle de production de contenus. La communication publicitaire l'expérimente déjà. Le Super Bowl, la finale

---

1. AFP, « US teens spend more time watching TV than on computer », 25 juin 2009.
2. Institut d'études GfK, communiqué de presse, « Les Français et l'*entertainment* », 11 décembre 2008.
3. Union des annonceurs, dossier « La nouvelle relation média », mai 2006.
4. STELTER, Brian, « Television and computers speed toward interchangeability ».

annuelle du championnat de football américain, est, chaque année, un double spectacle. Sportif, bien sûr, mais aussi publicitaire. Pour tous les fans, la finale est une apothéose, mais une grosse moitié des téléspectateurs regarde aussi pour la publicité. L'occasion est unique pour les marques de toucher plus de 100 millions de personnes, de frapper un grand coup « de masse », comme au bon vieux temps où il n'y avait qu'une chaîne de télévision qui permettait de parler à tout le monde au même moment.

Le spectacle du Super Bowl préfigure un peu ce que sera la publicité de demain : plus choisie que subie, si elle véhicule du plaisir. Pour la première fois en 2007, une pub créée par des internautes a tenu la vedette. La marque de chips Doritos a organisé un grand concours publicitaire sur le Web. À partir d'un cahier des charges, les internautes ont proposé leurs films puis ont voté pour élire leur préféré, qui a été diffusé en première partie du Super Bowl[1]. Le spot est de bonne qualité. Mais sa valeur tient moins à son contenu qu'au fait qu'il a été réalisé par un internaute *lambda*. Le Super Bowl met ainsi en perspective l'évolution de la publicité à l'heure d'Internet. Elle doit jouer sur l'intelligence des gens et leur proposer de participer. De plus en plus, l'idée publicitaire va se concevoir en coparticipation, coproduction, cocréation, cojubilation, dans un travail en commun entre le publicitaire, la marque et le public.

Ce nouvel enjeu de la coproduction des idées permise par l'interactivité d'Internet est aussi celui de la politique. Avec ses avantages : une politique plus décentralisée, au plus près des citoyens, plus participative. Mais aussi ses inconvénients dont le plus évident est la dictature du court terme.

---

1. « The Super Bowl's most-liked, most recalled commercials », *Advertising Age*, 7 février 2007.

SE FAIRE ENTENDRE DANS LE BRUIT MÉDIATIQUE

Dans cette « société de consommation de soi », dont parle Dominique Quessada[1], il convient de considérer le public comme une audience active, sollicitée de tous les côtés. Désormais tout est média, jusqu'aux personnalités. Chacun peut se médiatiser au travers d'un blog dont il est le sujet, l'auteur et l'éditeur. Je n'échappe pas à la règle[2]. Avec Internet, les associations, les collectivités territoriales, les marques deviennent média. Il n'y a plus de différence entre une chaîne TV spécialisée dans le bricolage sur le câble, et la Web TV de Leroy Merlin. Avec le passage d'Internet de la 2D à la 3D permise par le haut débit, chaque site est une Web télévision en puissance.

Dans cette surmédiatisation, l'émergence devient un enjeu crucial. Il faut plus que jamais « créer l'événement » en orchestrant sa prise de parole pour maximiser l'effet d'interaction de chacun des médias. Les campagnes électorales deviennent séquencées, comme une série TV américaine. Les campagnes de publicité s'obligent à de véritables scénarios média utilisant tous les moyens de communication disponibles. À l'exemple du jeu « Halo 3 » par Microsoft fin 2007, qui a fait date dans l'histoire des produits d'*entertainment*. Un million de joueurs dans les vingt-quatre heures[3] et plus de 5 millions de copies vendues dans les deux semaines qui ont suivi son lancement[4], l'impact a été tel que, pour la première

---

1. QUESSADA, Dominique, *La Société de consommation de soi*.
2. www.nicolasbordas.fr.
3. McDOUGALL, Paul, « Halo 3 sales smash game industry records », *Information Week*, 27 septembre 2007.
4. Reuters, « Microsoft says "Halo" 1st-week sales were $300 mln », 4 octobre 2007.

fois, un jeu vidéo a été accusé d'avoir affecté les chiffres du box-office américain. La semaine de sa sortie, les cinémas ont enregistré une baisse de près de 30 % de leur fréquentation par rapport à la même semaine de l'année précédente[1]. Pour atteindre de tels résultats, « Halo 3 » a créé un musée, réel et virtuel, à la gloire des combattants numériques du jeu, et orchestré une campagne spectaculaire où chaque média répondait à l'autre en fonction de sa dimension spécifique[2].

Ce travail d'orchestration des moyens ouvre la voie à un nouveau métier, les *audience planners* dont la mission est de bien connaître les médias et la psychologie des publics pour optimiser le plan de communication et chacun des messages. L'enjeu principal de cette scénarisation est de maximiser le buzz, ce média « gratuit » (les publics eux-mêmes se chargent de transmettre le message). Les marques ont compris qu'il était de plus en plus important de cultiver ce nouveau prosélytisme. Une bonne partie de leur communication vise autant à conforter les adeptes qu'à en créer de nouveaux. La plupart des publicités automobiles, par exemple, cherchent d'abord à convaincre l'acheteur d'une nouvelle voiture qu'il a fait le bon choix, afin qu'il soit fier de vanter les mérites de son nouveau véhicule auprès de son entourage. L'adepte de Mercedes doit être conforté dans son statut, celui de BMW dans sa qualité de pilote, de façon à ce qu'il soit encore plus fier de son achat et donc plus prosélyte.

Internet a permis de démultiplier la puissance du bouche à oreille et de disséminer l'idée beaucoup plus vite, sans barrière autre que celle de la langue. Mais, surtout, le Web a augmenté la capacité d'*engagement*, au sens d'enrôlement du

---

1. AKNER, Claude « Bad box office? Blame "Halo" ».
2. Cannes Lions, « 50+ years of Grand Prix », 2009.

public (*to engage* en anglais). Il crée un chemin progressif d'adhésion à l'idée, qui va du premier clic à vocation informative, à la possibilité de devenir porte-parole, en passant par les différentes étapes intermédiaires de la conversation, puis de la transaction.

Dans cette nouvelle scénarisation des médias, il est très important d'optimiser l'usage des médias gratuits, ceux que l'on peut stimuler sans avoir besoin de les payer. Cela confère aux relations presse un rôle encore plus central. Les nouveaux produits d'Apple, présentés chaque année par Steve Jobs, sont connus dans le monde entier avant même que la première campagne de pub ait eu besoin de les montrer.

Il faut aussi optimiser les médias que l'on peut activer à faible coût, en nouant des partenariats. Plus on devient soi-même un média, plus on peut échanger son espace avec un autre média. Les médias *off line* échangent déjà leur espace marchand contre de l'espace sur d'autres supports. TF1 ne paie qu'une petite partie de sa pub dans la presse, car il peut fournir en échange de l'espace TV. L'usage se propage aussi sur Internet où l'on peut accueillir sur sa page les liens avec d'autres sites qui eux-mêmes feront à leur tour votre pub.

Avant la mise sur orbite de l'idée, la phase *teasing* est un moment intéressant pour faire croître l'intérêt. Les produits culturels sont passés maîtres en la matière, en anticipant les lancements à venir longtemps à l'avance, *via* un travail sur leurs communautés. Harry Potter n'a-t-il pas réussi à tenir le monde entier en haleine pendant plus de dix ans ?

En bref, pour qu'une idée tire le meilleur profit de la machine à diffuser les idées, il faut bien comprendre les attentes de son audience, optimiser l'usage des médias que l'on possède, mettre Internet au centre de sa démarche, exploiter le potentiel de relation presse, déployer des partenariats à moindre coût, n'acheter que l'espace médiatique absolument nécessaire, et gérer les messages dans le temps. En quelque sorte, s'inspirer de Steve Jobs qui a presque tout bon en ce domaine. Depuis le lancement du Macintosh en 1984 jusqu'à celui de l'iPhone 3GS en 2009.

Quatrième partie

Comment les idées deviennent idéologies

Quand l'idée fait de l'idéologie

*« Les gens de gauche inventent de nouvelles idées.
Quand elles sont usées, les gens de droite les adoptent. »*
Attribué à Mark Twain

« Une idée prétend organiser le réel en espérant avoir un jour le statut de vérité », disait Philippe Michel[1]. Elle peut devenir une idéologie lorsqu'elle présente une vision du monde structurante pour la vie d'un grand nombre de gens. Une idéologie, selon le sociologue Guy Rocher, est « un système d'idées et de jugements, explicite et généralement organisé, qui sert à justifier la situation d'un groupe et qui propose une orientation précise à l'action historique de ce groupe[2] ».

QUAND L'IDÉE DEVIENT UNE MANIÈRE DE VOIR LE MONDE

Chaque époque, chaque société (Marx dirait chaque classe) produit et est produite par ses idéologies. Qu'elle soit religieuse (christianisme...), politique (marxisme...), économique

---

1. MICHEL, Philippe, THÉVENET-ABITBOL, Anne, *op. cit.*
2. ROCHER, Guy, *L'Action sociale*, tome 1. *Introduction à la sociologie générale.*

(keynésianisme...), philosophique (existentialisme...) littéraire (romantisme...), artistique (dadaïsme...), sociale (racisme...) ou socio-culturelle (nutritionnisme, naturisme, consumérisme...).

Dans notre environnement se dessinent des mouvements d'idées qui sont des idéologies naissantes comme l'altermondialisme, le « croissancezéro-isme », ou le « zérocarbonisme » ; le « maigrisme » qui touche les sociétés occidentales depuis un siècle (jusqu'à sa version « hard » et pathologique, « l'anorexisme ») ; le « nucléaire-énergétisme », qui vise à donner au nucléaire un statut d'énergie référente plus écologique car rejetant moins de carbone et sous-estime le risque lié aux centrales ou au retraitement des déchets.

Toutes les grandes marques aspirent à transformer leur vision du monde en idéologie. Assurer la pérennité de l'entreprise passe par la capacité de doter ses principales marques d'une vision qui dépasse les générations de clients et de managers qui se succèdent à leur tête. Coca-Cola a été porteur d'une idéologie « jeuniste-universaliste » qui a eu une grande influence dans la mondialisation du XXe siècle. La marque est devenue le symbole d'un partage de valeurs pour les jeunes du monde entier. Dans une moindre mesure, McDonald's souffre d'être devenu, à son corps défendant, une marque « idéologique ». Elle incarne une forme de domination américaine sur le monde, ce qui lui vaut souvent d'être prise à partie comme symbole de l'impérialisme américain. McDonald's a donc entrepris un important travail d'image pour insister sur les aspects positifs de sa contribution à la société : rapport qualité/prix, implantation économique et *sourcing* agricole local, politique d'emplois.

L'exemple le plus abouti d'idéologie de marque est Apple, qui profite à plein de sa situation d'héritière de l'esprit de la Silicon Valley. Tous les signes fondateurs de l'idéologie sont réunis chez Apple : son gourou (Steve Jobs), ses apôtres (les « apple-maniaques »), son logo (la pomme), sa formule choc (« *Think different* »), sa vision du progrès technologique (c'est la machine qui doit s'adapter à l'homme et non l'inverse), sa grand-messe (les Apple Expo ou le sermon annuel de Steve Jobs au MacWorld Expo...).

Club Med est une autre marque idéologiquement forte. Elle réunit, depuis son origine, un grand nombre des caractéristiques fondatrices d'idéologie : une vision en rupture, une communauté qui abolit les barrières de l'argent, des classes sociales et des religions, un nom signifiant et une nomination spécifique (GO, GM), un symbole fort (le trident), une formule mémorable (« boire, aimer, manger, dormir »), des signes d'appartenance symbolique (les *crazy signs*, les « colliers à boule »), un film culte (*Les Bronzés*) et un fort renouvellement de l'expérience... La secte n'est pas loin !

Un certain nombre de marques, comme Adidas (les trois bandes, « *Impossible is nothing* ») ou Nike (la virgule ou *swoosh*, « *Just do it* »), Virgin (Richard Branson, la démarche anticonformiste), Sony PlayStation, ont des fondations pour renforcer leur caractère idéologique, mais aucune n'est encore arrivée au niveau d'Apple.

LES ATTRIBUTS DE L'IDÉOLOGIE

Pour qu'une idée devienne idéologie, il lui faut un auteur interprète qui la mette en scène, un symbole de reconnaissance, une formule choc, une vision du monde, un système de valeurs, un manifeste, des actes démonstratifs.

Le christianisme en est l'exemple quasiment parfait : une phase de *teasing* exceptionnelle (prophètes, annonciation), une puissance subversive forte (monothéisme, l'amour est pardon), des interprètes exceptionnels (Jésus, Paul), une entrée en scène particulièrement réussie (la Nativité), une formule choc (« Aimez-vous les uns les autres »), un symbole universel (la croix), de nombreux visuels emblématiques (la Vierge, les icônes...), une *reason to believe* imparable (le pari pascalien), une forme de communication récurrente (la messe dominicale), un manifeste (la Bible), un visuel clé (la Cène), et des relais d'opinion puissants (apôtres, disciples, prêtres, papes, communauté chrétienne).

Bref, un exemple d'application parfaite de toutes les règles évoquées dans ce livre... Mais on aurait pu analyser avec la même grille les autres religions qui demeurent les idéologies les plus fortes de l'humanité.

L'islam est lui aussi un exemple très parlant. Un contexte favorable : dans l'Arabie antéislamique, une tendance qualifiée par la tradition musulmane du nom de *hanîf* avait ouvert la porte à une réaction aux excès de l'époque (beuveries et luxure). Une puissance subversive (retour au dieu unique). Un nom signifiant (*islam* veut dire « soumission volontaire » ou « allégeance »). Une couleur symbolique (le vert). Une formule choc (« Allah est grand »). Un manifeste (le Coran). Une histoire (le Coran révélé à Mahomet par l'archange Gabriel durant vingt-trois ans). Et des actes tangibles forts (jeûne du ramadan, pèlerinage de La Mecque...).

Les idées devenues idéologies ont su créer un système de communication qui entretient leur dynamique. Les plus solides ont une durée de vie pluriséculaire (les religions), d'autres se déploient sur plusieurs générations (le marxisme), certaines restent très liées à une époque (le romantisme, l'existentialisme, l'impressionnisme...).

Au-delà de sa pertinence contextuelle, de sa puissance subversive, de la crédibilité de son auteur et de la qualité de son

lancement, une idéologie doit se résumer en une formule choc
(« Prolétaires de tous pays, unissez-vous ! » pour le marxisme,
« *peace and love* » pour le pacifisme...). Elle a un visuel clé (la
colombe pour le pacifisme, le tableau *Impression, soleil levant*
de Monet pour l'impressionnisme, ou *La Liberté guidant le
peuple* de Delacroix pour le romantisme...), une histoire à
raconter (Woodstock pour le pacifisme, la Marche du sel pour
le gandhisme...), des preuves tangibles (le *Rainbow-Warrior*
pour le « greenpeacisme », les grèves et la révolution russe
pour le marxisme...), et un manifeste (*Le Capital* pour le
marxisme, *L'existentialisme est un humanisme* pour l'existentialisme, etc.).

Les marques mondiales publient de plus en plus par écrit la
réponse à la question, « *What we stand for ?* », « Quelle est
notre raison d'être » (notre credo). Les manifestes de marque
font souvent l'objet d'un livre (appelé *brand book*). Une façon
non mercantile de justifier leur existence : « Qu'est-ce qui
manquerait au monde si nous n'existions pas ? » Pour le lancement mondial de leurs nouveaux concepts de communication,
Adidas (« *Impossible is nothing* ») ou Pedigree (« *We are for
dogs* ») ont commencé par publier dans la presse quotidienne
une proclamation que l'on pourrait qualifier « d'idéologique ».

Une idéologie se délite si sa communication est défaillante.
L'idée européenne était née sous les meilleurs auspices : un
contexte favorable (la volonté de paix en Europe après les
guerres mondiales), une puissance subversive incontestable
(« Et s'il existait une méta-nation ? »), des fondateurs/interprètes remarquables (Jean Monnet, Robert Schuman), une
entrée en scène réussie (la Ceca, puis l'Europe des Six), un
symbole puissant (le drapeau bleu aux 12 étoiles). Mais la
communication lui a manqué pour devenir une vérité incontestée. Pas de manifeste lisible (depuis le traité de Rome), pas

assez d'expériences vécues positivement par les Européens (élargissements successifs mal préparés, passage à l'euro associé à l'expérience négative de hausse des prix) et, surtout, pas de porte-parole charismatique au XXIe siècle, ce qui, pour une idée politique, est fatal. Plus une idée s'use et plus il devient difficile et hasardeux de la relancer.

L'avènement d'une économie-monde a affaibli l'affrontement politico-économique capitalisme/marxisme. Mais un grand nombre d'idéologies socio-culturelles ont imposé leurs canons au quotidien : l'idéologie des standards de beauté (dénoncée habilement par Dove[1]), de l'alimentation (qui se doit aujourd'hui d'être « bonne pour la santé »), du divertissement (idéologies sportive, culturelle, etc.)... Il ne faut pas s'y tromper, ces idéologies sont le fruit d'idées développées par des intérêts ou des lobbies. Une idéologie ne se développe jamais sans raison. Elle est toujours coproduite par ceux qui y ont intérêt.

À QUI PROFITE L'IDÉE ?

Pour comprendre les intérêts sous-jacents d'une idée ou d'un système d'idées, il suffit d'appliquer le vieux précepte policier : « À qui profite-t-elle ? » Les idées ne tombent pas de nulle part. Elles ont toujours une origine et surtout une force, une dynamique alimentée par ceux qui y trouvent un avantage. À qui profite l'idée discutable que « le lait est bon pour la santé », sinon au lobby laitier et aux producteurs ou transformateurs de lait ? À qui profite l'idée qu'il faut être joignable toujours et partout sinon aux équipementiers et opérateurs téléphoniques ? À qui profite l'idée qu'il faut chasser Al-Qaida en Irak sinon aux lobbies pétroliers, en particulier, américains ?

---

1. Cf. p. 112.

Cette définition de l'idéologie comme communauté d'intérêts explique pourquoi toutes les initiatives humaines reposant sur une idée sont des idéologies potentielles, des visions du monde qui fédèrent un intérêt commun. Cela vaut aussi pour les entreprises qui construisent l'emprise idéologique de leurs marques. Elles n'ont qu'une envie : que leurs marques deviennent idéologies.

Conclusion
Des idées pour aller au bout des siennes

*« L'important n'est pas comment un homme acquiert des idées,
mais comment une idée acquiert des hommes. »*
Aaron Lynch, *Though Contagion How Belief
Spreads Through Society*

Vous faire partager ce que je sais du fonctionnement du monde invisible, mais fascinant, des idées, telle était mon ambition initiale. Qu'elles soient petites ou grandes, pratiques ou philosophiques, humanitaires ou publicitaires, je me suis gardé de porter des jugements sur le bien-fondé de telle ou telle idée ou sur la légitimité des moyens que chacune a pu employer pour assurer son rayonnement.

LA MANIPULATION DES IDÉES

Mais rayonner, n'est-ce pas manipuler ? La société de communication n'est-elle pas, surtout, une société de manipulation des esprits ? De grands auteurs, tels Habermas, Marcuse ou Debord et sa dénonciation de la « société du spectacle », ont posé les jalons d'une analyse critique de la société de communication, dérivée de la société de consommation et de ses excès. Un propos repris par Naomi Klein, dans son fameux livre *No Logo*.

Si l'on en croit Le Petit Robert, « manipuler » a au moins deux sens : le propre (« manier avec soin en vue d'opérations techniques ») et le figuré (« exercer une domination sur un groupe ou un individu »).

Dans toute forme de communication, il est bien sûr une part de manipulation. Il faut l'admettre et l'assumer. Pour ne pas en être victime et s'en prémunir. La meilleure défense contre la société de communication (et de consommation) est de se vacciner contre ses excès pour augmenter sa capacité d'immunisation. Pour cela, une seule médication : savoir reconnaître les techniques de manipulation employées afin de ne pas en être dupe. Pour que chacun puisse se faire sa propre idée... des idées. Et mieux défendre les siennes. La révolution digitale est beaucoup trop puissante pour imaginer un retour en arrière. Il ne s'agit pas de freiner la société de communication, mais bien de permettre à chacun de la comprendre pour mieux la maîtriser.

Communiquer revient, en effet, à manipuler au sens propre des concepts, des mots, des images. L'information, fût-elle la plus honnête, est, d'un point de vue technique, manipulation. Le rédacteur en chef du journal de 20 heures de TF1 ou d'un grand quotidien d'informations va sélectionner, hiérarchiser, ordonner, couper dans le flux d'informations qui, 24 h/24, traverse la planète pour faire tenir l'actualité du jour dans un espace réduit. Il ajoute une part de subjectivité inévitable dans le produit livré au public, celle de ses choix. Ils sont nécessaires. À lui de les rendre légitimes et non critiquables.

La question devient plus sensible lorsque l'on s'intéresse au sens figuré du terme « manipuler ». Peut-on amener une idée à triompher sans exercer consciemment une forme de domination sur les individus ? Non ! Depuis que le monde est monde, des inventeurs argumentent, communiquent pour convaincre de la valeur de leur idée. Depuis toujours, ils en vantent les avantages au détriment des inconvénients. Ils oublient souvent, tel Einstein s'inspirant de Poincaré, de rendre leur paternité aux idées qu'ils empruntent, et qui leur ont permis d'aller plus loin. Depuis toujours, les religions utilisent des modes manipulatoires qu'elles ont parfois créés pour convertir à leur croyance. Depuis toujours, l'amour lui-même, dont certains pensent qu'il est l'idéal absolu, emploie toutes les ruses pour s'établir.

Très tôt les Grecs ont mis à jour les formes de rhétorique (l'art de bien parler et de persuader par le langage). Socrate s'est senti obligé de distinguer la rhétorique des sophistes, technique de persuasion indépendante de la vérité du propos, de la dialectique philosophique, qui forme l'âme par la parole[1].

Tous les moyens ne sont pas bons pour faire triompher une idée, fût-elle jugée excellente. Mais tous les moyens de manipulation doivent être connus pour ne pas en être victime. Comme un enfant manipule des cubes pour apprendre à compter, ou des lettres pour apprendre à écrire, il serait utile d'enseigner très tôt, sans attendre les cours de philosophie, les modes opératoires des idées. Pour ne pas se laisser mener par le bout du nez, ou par les idées des autres, sans en être conscient.

La nécessaire manipulation technique et idéologique pour communiquer une idée ne doit pas empêcher d'aller au bout des siennes. Trop d'idées n'arrivent pas à bon port. Par naïveté, par amateurisme, parfois par malchance. Moins d'un quart

---

[1]. PLATON, *Gorgias*.

des nouveaux produits survivent chaque année. Le déchet est considérable. La communication n'est pas une science exacte. Quelles que soient les recettes, le résultat n'est jamais acquis. La création est un métier d'artisans. Mais le risque paye. Moins les gens ont d'aversion au risque, plus ils réussissent...

L'APPRENTISSAGE DE LA CRÉATIVITÉ

On n'apprend pas assez à produire des idées. La créativité à l'école n'est pas valorisée. Pourtant, ce sont les enfants et les jeunes qui ont le plus de liberté pour s'affranchir de conventions qu'ils ne connaissent pas. Une initiative d'enfants écossais appelée « *Room 13* » se déploie dans le monde entier, en particulier dans les zones pauvres d'Afrique du Sud ou d'Asie. Elle permet à des gamins de 10-14 ans, âge ultra-créatif, d'exprimer leurs talents artistiques dans une classe qu'ils gèrent eux-mêmes avec un artiste, en dehors des cours traditionnels. La généralisation de ce genre d'initiative serait salutaire pour développer la créativité dès le plus jeune âge.

L'EXCEPTION FRANÇAISE

La France n'a pas réglé son problème de culpabilité par rapport à l'argent. Le phénomène anti-consommation est très hexagonal. On en oublierait presque que les produits que nous achetons chaque jour sont nos emplois et ceux de nos enfants. Pourquoi ne serait-il pas moral de payer 50 centimes d'euros de plus un café qui s'appelle « Carte Noire » s'il offre un imaginaire de romantisme que ne propose pas le café sans marque ? Pourquoi serait-il acceptable de payer très cher une œuvre d'art, et immoral de payer cher une œuvre d'artisan ou un produit de luxe ? Dans la mondialisation, les compétences distinctives de la France sont bien du côté de la technologie et des valeurs immatérielles, comme la mode et le luxe.

Une certaine tendance hexagonale continue pourtant à se croire le centre du monde, avec une certaine prétention et autosatisfaction. Gare au syndrome du « *not invented here* » : on préfère réinventer une mauvaise roue plutôt que de réutiliser celle du voisin, on juge que « prendre quelque chose qui a marché à l'extérieur, c'est copier » alors que les Japonais hier et les Chinois aujourd'hui ne se posent pas la question en ces termes, et que tout démontre que « créer, c'est s'inspirer ». Ce nombrilisme français croisé avec un esprit critique très alternatif, c'est l'esprit Astérix. Une forme d'amour de la marginalité qui n'aide pas à l'ouverture sur les autres alors que notre situation géographique au bord de l'Atlantique aurait dû faire de nous un pays d'ouverture.

« L'esprit français » a au moins un bon côté, il est dans la capacité « intellectuelle » à formuler des idées. Depuis Montaigne ou Pascal, la force de conceptualisation hexagonale est incomparable. Au XXe siècle avec Lacan, Bourdieu ou Edgar Morin, pour ne citer qu'eux, cela demeure vrai. Dans le domaine de la communication, la France a été en pointe dans la conceptualisation du concept de « marque ». Jean-Noël Kapferer, l'excellent professeur de HEC, a écrit la première version de son livre *Les Marques, capital de l'entreprise* en 1991[1]. Depuis, tous les groupes de communication anglo-saxons ont substitué à « *We sell products* » « *We build brands* » : on ne vend plus seulement des produits, on construit des marques. La valeur immatérielle prend le pas sur la valeur purement matérielle.

---

1. Éditions d'Organisation, 1991.

« On n'a pas de pétrole mais on a des idées », disait-on dans les années 1970[1]. Que cette phrase soit encore dans l'inconscient collectif prouve qu'elle contient sa part de vérité. Et si l'esprit critique des Français était leur meilleure arme pour être les plus inventifs ? Qui critique bien invente mieux ! Et si le décodage de la manipulation communicationnelle par le grand public ouvrait la voie à une communication plus transparente, plus intelligente et plus créative ?

Que l'on soit professionnel de la communication ou amateur, pour aller au bout de son idée, il faut respecter quelques règles. Et se souvenir qu'une idée est un être vivant, qui a besoin d'être protégé et nourri, qu'il faut donc s'en occuper comme d'un enfant, à chacune de ses phases d'évolution.

LES 10 COMMANDEMENTS DES IDÉES

À l'issue de ce voyage au pays des idées, 10 commandements résument la marche à suivre pour faire grandir les siennes et ne pas être victime de celles des autres.

1• TIRER PARTI DU CONTEXTE.

Partir du principe que toute idée peut aboutir à condition d'utiliser intelligemment le contexte dans lequel elle évolue. Avant, pendant et après son lancement, il est impératif d'analyser l'environnement culturel et concurrentiel qui va la favoriser ou au contraire lui nuire.

---

[1]. Campagne de l'agence pour les économies d'énergie, 1976 *in* BENOIT, Jean-Marc, SCALE, Jessica, *Bleu Blanc Pub : trente ans de communication gouvernementale en France.*

2• RADICALISER LA SUBVERSION.

Chercher à radicaliser son idée, à lui donner le maximum de puissance subversive, dans le fond comme dans la forme, pour lui permettre de percer et de montrer sa différence.

3• DÉFINIR UN PORTE-PAROLE.

S'engager pour son idée en tant qu'auteur/créateur/interprète, et trouver les meilleurs porte-parole complémentaires, les plus crédibles et légitimes pour la cautionner.

4• SOIGNER SON INTRODUCTION.

Ne pas rater la première expression de l'idée, son entrée en scène, pour créer la meilleure dynamique de départ.

5• TROUVER UNE FORMULE CHOC.

Créer une formule qui permette à l'idée d'être mémorisée et transmise.

6• S'APPROPRIER DES SYMBOLES FORTS.

Doter son idée d'un nom et idéalement d'un symbole et d'une image distinctive qui la rende plus facile à diffuser et plus difficile à copier.

7• RACONTER UNE HISTOIRE, ÉCRIRE UN MANIFESTE.

S'interroger sur l'histoire à raconter, et écrire un manifeste pour rendre l'idée durablement appropriable dans ses termes d'origine.

8 • MULTIPLIER LES PREUVES.

Concrétiser l'idée par des éléments tangibles, des actes, des expériences qui transformeront les témoins en apôtres.

9 • PRIVILÉGIER LES MÉDIAS GRATUITS.

Optimiser les moyens de diffusion de l'idée, en donnant la priorité aux médias gratuits, et en utilisant les payants de manière spectaculaire pour alimenter un buzz supplémentaire.

10 • ENTRETENIR SES RÉSEAUX.

Entretenir les réseaux humains de diffusion d'idées et renouveler en permanence l'expression de l'idée pour rester dans l'actualité.

Ces dix commandements peuvent s'appliquer à toutes les idées, dans tous les domaines. Le XXIe siècle nous offre des possibilités de communication inouïes. À nous d'apprendre à nous en servir pour le meilleur afin d'éviter le pire. La crise actuelle appelle à la remise en cause de tous les modèles du passé. Chaque idée nouvelle a plus que jamais sa chance.

L'idée de ce livre était de vous aider à aller au bout des vôtres sans être manipulé par celles des autres.

Une idée qui tue ? L'avenir le dira !

Bibliographie

AKNER, Claude « Bad Box Office? Blame "Halo" », *Advertising Age*, 15 octobre 2007.

BEAUVOIR, Simone de, *Le Deuxième Sexe*, Gallimard, 1949.

BOUDON, Raymond, *L'Art de se persuader*, Seuil, coll. « Points Essais », 1992.

BRAQUE, Georges, « Pensées sur l'art », *Confluences*, n° 4, mai 1945.

BROWN, Rita Mae, *Sudden Death*, Bantham Books, 1983.

CHAMFORT, Sébastien Roch Nicolas de, *Maximes et pensées. Caractères et anecdotes*, Gallimard, coll. « Folio », 1982.

CHATEAUBRIAND, François-René, Vicomte de, *Analyse raisonnée de l'Histoire de France*, La Table ronde, coll. « La Petite Vermillon », 1998.

CORNEILLE, *Sertorius*, Comédie-Française, Collection du répertoire, 1989.

DAWKINS, Richard, *The Selfish Gene*, Oxford University Press, 1976.

DEBORD, Guy, *La Société du spectacle*, Éditions Buchet-Chastel, Paris, 1967.

DEBRAY, Régis, *Vie et mort de l'image – Une histoire du regard en Occident*, Gallimard, coll. « Bibliothèque des idées », 1992.

DELAHAYE, Sébastien, « Joost : des ambitions déjà à la baisse pour la télé Internet », Ecrans.fr, 7 avril 2008.

DRU, Jean-Marie,
  Disruption. Briser les conventions et redessiner le marché, Village mondial, 1997.
  La Publicité autrement, Gallimard, coll. « Le débat », 2007.

DU BOS, Charles, *Approximations*, Fayard, 1965.

ELLIOTT, Stuart, « Advertising: A new ranking of the "50 best" television commercials ever made », *The New York Times*, 14 mars 1995.

FERRAND, Olivier (dir.), *Moderniser la vie politique – Innovations américaines, leçons pour la France*, Rapport de la mission d'étude de Terra Nova sur les techniques de campagne américaines, janvier 2009.

GONCOURT, Edmond et Jules de, *Idées et sensations*, A. Lacroix, Verboeckhoven et Cie, 1866.

GRAHAM, Jefferson, « Posters reap cash rewards at video-sharing site Revver », *USA Today*, 14 septembre 2007.

GRIGGS, Robyn, « Avis Makes No. 2 an Enviable Position. (Doyle Dane Bernbach Inc's 1962 campaign for rental car company) », *Advertising Age*, 29 mars 1999.

GUARE, John, *Six Degrees of Separation: A Play*, Vintage Books, 1990.

HALIMI, Serge, « Les vautours de Timisoara », publié le 1er octobre 2000, www.acrimed.org.

HEISKANEN, Ville, THOMSON, Amy, « Motorola to split into two after phone sales slide (update10) », Bloomberg.com, 26 mars 2008.

HUNTER, Robert, *Les Combattants de l'arc-en-ciel, La première expédition de Greenpeace (Amchitka, 1971)*, Éditions Gallmeister, 2007.

ITALIE, Hillel, Associated Press, « Obama out front in book sales race », http://blogs.suntimes.com

JACKSON, Richard, *Writing the War on Terrorism: Language, Politics and Counter-Terrorism*, Manchester University Press, 2005.

JEANSON, Francis, *Sartre dans sa vie*, Le Seuil 1955.

KAPFERER, Jean-Noël, *Les Marques, capital de l'entreprise*, Éditions d'Organisation, 1991.

KELLER, Emily, *Margaret Bourke-White: A Photographer's Life*, Lerner Publications, 1996.

KING, Rachael, « Printing in 3D gets practical », *Business Week*, n° 6, octobre 2008.

KLEIN, Naomi, *No Logo : la tyrannie des marques*, Actes Sud, 2001.

LAMARTINE, Alphonse de, « Gutenberg », *Vie des grands hommes*, tome 2, Bureau du Constitutionnel, 1856.

LEFÉBURE, Antoine, *Havas, les arcanes du pouvoir*, Grasset, 1992.

LYNCH, Aaron, *Thought Contagion: How Belief Spreads Through Society*, New-York, Basic Books, 1996.

MADRIGAL, Alex, « Scientists flesh out plans to grow (and sell) test tube meat », *Wired Magazine*, 11 avril 2008.

McDOUGALL, Paul, « "Halo 3" sales smash game industry records », *InformationWeek*, 27 septembre 2007.

McLUHAN, Marshall,
Pour comprendre les médias, Le Seuil, coll. « Points », 1968, (titre original : *Understanding Media: The Extensions of Man*, McGraw-Hill, 1964).
The Global Village, Transformations in World Life and Media in the 21th Century, Oxford University Press, 1989.

MICHEL, Philippe, THÉVENET-ABITBOL, Anne, *C'est quoi l'idée ?*, Éditions Michalon, 2005.

MORIN, Edgar, *La Méthode,* tome 4 *: Les Idées*, Le Seuil, nouvelle édition, coll. « Points », 1996.

MORITA, Akio, REINGOLD, Edwin M., SHIMOMURA, Mitsuko, *Made in Japan : Akio Morita and Sony*, Dutton, 1986.

NEVEU, Erik, *Une société de communication ?*, Montchrestien, 2001, 3e édition.

NIZZA, Mike, LYONS, Patrick J., « In an Iranian Image, a missile too many », *New York Times*, 10 juillet 2008.

O'TOOLE, John Kennedy, *La Conjuration des imbéciles*, 10/18, coll. « Domaine étranger », 2002.

PICABIA, Francis, *Dits*, Éric Losfeld, 1960.

PLATON, *Gorgias*, Garnier-Flammarion, 1993.

POUILLE, Jordan, « Mais qui a bousculé Jin Jing ? », *Mediapart*, 26 avril 2008.

PROUST, Marcel, *À la recherche du temps perdu, Le Temps retrouvé*, NRF, 1927.

QUESSADA, Dominique, *La Société de consommation de soi*, Verticales, 1999.

RANDI, James, *The Truth About Uri Geller*, Prometheus Books, édition revue, 1994.

RIMBAUD, Arthur, *Poésies, Une saison en enfer, Illuminations*, Gallimard, coll. « Folio », 1973.

ROCHER, Guy, *L'Action sociale*, tome 1. *Introduction à la sociologie générale*, Le Seuil, coll. « Points Essais », 1970.

ROGERS, Everett M., *Diffusion of Innovations*, Simon & Schuster International, 2003, 5e édition révisée.

ROHTER, Larry, « Portable stereo's creator got his due, eventually », *International Herald Tribune*, 16 décembre 2005.

ROUSSEAU, Jean-Jacques, *Discours sur l'origine et les fondements de l'inégalité parmi les hommes*, Gallimard, coll. « Folio », 1989.

RUDEL, Anthony, « Before TV and the Internet – When radio was the first electronic medium », *U.S. News and World Report*, 9 octobre 2008.

SADIGH, Soudabeh, « Iran's most ancient banner go on display in national museum », *Cultural Heritage News Agency*, 14 mai 2007.

SALMON, Christian, *Storytelling, la machine à fabriquer des histoires et à formater les esprits*, Éditions La Découverte, 2008.

SARTRE, Jean-Paul,
« Après Budapest, Sartre parle », *L'Express*, 9 novembre 1956.
L'existentialisme est un humanisme, Gallimard, coll. « Folio », 1996.

SCHANK, Roger, *Tell Me a Story: A New Look at Real and Artificial Memory*, Scribners, 1990.

SMITH, Aaron, *Pew Research Center's Internet and American Life Project*, The Internet's Role in Campaign 2008, 15 avril 2009.

STELTER, Brian, « Television and computers speed toward interchangeability », *The New York Times*, 10 mars 2008.

STENDHAL, *Vie de Henry Brulard*, Gallimard, coll. « Folio », 1973.

TEILHARD DE CHARDIN, Pierre, *Le Phénomène humain*, Le Seuil, 2007.

TERHUNE, Chad, VRANICA, Suzanne, « Mixing Diet Coke and Mentos makes a gusher of publicity », *Wall Street Journal*, 12 juin 2006.

THOMPSON, Dale C., *De Gaulle et Le Québec*, Trecarre, 1991.

VAN BUSKIRK, Eliot, « Introducing the world's first MP3 player », CNet.com, 21 janvier 2005.

VANDEREM, Fernand, *Gens de qualité*, Plon, 1938.

VANEIGEM, Raoul, *Traité de savoir-vivre à l'usage des jeunes générations*, Gallimard, 1967.

VAUVENARGES, Luc de Clapiers de, *Œuvres complètes et Correspondance*, Coda Éditions, 2008.

VOLTAIRE, « Idée », *Dictionnaire philosophique*, Gallimard, coll. « Folio », 1994.

WEBER, Max, *Le Savant et le Politique*, 10/18, 1996.

WIENER, Norbert, *Cybernétique et société*, Deux Rives, 1952 (titre original : *The Human Use of Human Beings*, Da Capo Press, 1950).

WILDE, Oscar, « Le critique artiste » in *Intentions*, Librairie des bibliophiles parisiens, 1921.

Index des notions

A

Accroche 102
Adhésion 9, 20, 37, 48, 52, 122
ADN 77
Agences de presse 124
Altermondialisme 22, 29, 47
Angle 35
Apple-isme 52, 57
Art 2

B

Babouvisme 69
Banlieue 14, 34
Blogosphère 61
Bouche à oreille 67, 89, 92, 113, 122, 125, 127, 130
Brainstorming 20, 66
Buzz 89, 95, 101, 122, 130, 150

C

Capitalisme 14, 140
Catholicisme 64
Christianisme 46, 52, 57, 62, 64, 74, 135, 137
Communisme 22, 69
Comportement 2, 13, 23, 41
Connaissance 22
Consciences 2
Consommation 15
Contre-pouvoir 8
Courants d'opinions 3

D

Dadaïsme 59, 91, 136
Démonstration 51–52
Dieu ?
Différenciation 39
Diffusion 3, 83, 96, 123–124, 126
   ~ mémétique 93

Disruption 42–43, 53, 55, 66, 82
Distinction 37

E

Effet de parc 54
Émetteur 8, 34–35
Environnement 33, 35, 38, 44, 53, 61, 148
Éthique 14, 63
Existentialisme 136, 138

F

Formule 81, 83, 86–87, 137–138, 149
Freudisme 64

H

Hindouisme 122

I

Idée de marque 40
Idéologie 7, 12, 22–23, 52, 86, 113, 135–140
Imagination 2
Impact 37, 53, 65, 83, 126, 129
Impressionnisme 47, 138
Influence 2, 26
Information 10, 12–13, 21, 68, 102, 125

Innovation 30, 32–33, 35, 116
Insight 103
Islam 22, 86, 138

K

Keynésianisme 136

L

Laïcité 71

M

Manipulation 16, 25, 145, 148
Marketing 20–21, 42, 59, 71, 96, 101, 104, 114, 118
Marxisme 30, 52, 69, 86, 135, 138–140
Médias 3, 65, 68, 76, 86, 113, 117, 122–123, 125–127, 131, 150
Mème 49, 77, 93
Message 26, 35, 59, 63, 68
Mix 89
Mode d'action 3
Mondialisation 11–12, 29, 136
Mythe 12, 22

N

Noologique 75
Noosphère 3, 22–23, 44, 67
Novation 35, 54
Nucléaire 38

O

Opinion 20, 22–23, 35–36, 41, 44, 61, 126

P

Packaging 71–72
Philosophie 2–3, 49
Politique 10–11, 14, 20–22, 30, 34, 37, 47, 50, 64, 86, 95, 102, 111, 122, 124, 126
Porte-parole 57–59, 61–66, 68–69, 89, 131, 140, 149
Positionnement 35–36, 73, 82
Psychanalyse 64

R

Rayonnement 37
Récepteur 8, 34–35
Reconnaissance 37, 52, 137
Religion 2–3, 22, 24–26, 30, 64, 92, 95, 122, 138, 145
Réplication 50

Réseau 8, 12, 61, 150
Romantisme 52, 136, 138, 146

S

Slogan 87
Sophiste 11, 145
Spin doctor 66, 102, 107
Storytelling 107
Stratège 35
Surréalisme 30, 47
Symbole 149

T

Télévision 10, 12, 15, 65, 86, 126
Télévisuelle 15
Tendance 73
Transmission 3

V

Visibilité 37

Index des noms propres

A

Activia 54, 115
Adidas 91, 96, 105, 137, 139
Adorno 11
Afrique 15
Afrique du Sud 146
AIDeS 40
Air France 100
Ali Mohamed 64
Allah 86, 138
Allemagne 38
Allen Woody 87
Al-Qaida 17, 140
Amazon 89
Anquetil Jacques 64
Apple 7, 38, 41, 48, 68, 88, 94, 96, 106, 117, 119, 131, 136
Ariane 68, 89
Ariel 51
Aristote 86
Astérix 147

Astra Calve 115
Aurea 72
Avenir Publicité 92
Avis 70, 93

B

Babeuf François-Noël 69
Banque mondiale 48
Beckham David 58
Ben Laden 95
Benetton 102, 105
Bergé Pierre 21
Besancenot Olivier 73
Bibendum 91, 93
Bible 24, 99, 107, 122, 138
Bic 63, 117
Bienvenue chez les Cht'is 13
Bifidus Actif 54, 115
Big Brother 7
BMW 75, 130
Bonduelle 60
Bono 14

Boudon Raymond 50
Bouly Léon 125
Bourdieu Pierre 147
Bourke-White Margaret 97
Branly Édouard 124
Branson Richard 40, 61, 88, 95, 117, 137
Braque Georges 2
British Leyland 75
Brooklyn 100
Brown Dan 21
Bruni Carla 86
Buffet Marie-George 24
Burberry 34
Bush George W. 102

C

Cantona Éric 63
Carglass 93
Carrefour 94
Carte Noire 146
Castro Fidel 64
Ceausescu 97
Ceca 139
Chamfort Sébastien Roch Nicolas de 57
Chatilliez Étienne 40
Chine 12, 35, 50
Chirac Jacques 20, 65–66
Christ 95, 110
Cibié 118
Cif 92
CIO 43

Club Med 137
Coca-Cola 10, 15, 95, 103, 136
Coluche 65
Copernic Nicolas 42
Coq sportif 63
Coran 99, 107, 138
Corneille Pierre 11
Coubertin Pierre de 94
Croix-Rouge 63, 93

D

Danone 33, 110, 114–115
Darty 110
De Gaulle 16, 66, 107
Debord Guy 12, 143
Debray Régis 98
Decaux Jean-Claude 31
Delacroix Eugène 139
Delors Jacques 65
DiCaprio Leonardo 63
Dieu 46, 82, 123
Dim 93
Disney 108
Don Camillo 113
Don Patillo 93, 113
Doritos 128
Dove 112, 140
Dreyfus Jean-Claude 87
Dru Jean-Marie 42, 82
Duchamp Marcel 91
Duracell 46, 91–92
Dvorak 32

E

eBay 89
Éclat d'or 115
EDF 89
Edison Thomas 124
Égoïste 118
Égypte 30
Einstein Albert 21, 145
Energizer 46
Eram 40, 49
Essensis 55
États-Unis 15, 36, 102, 106, 110
Europe 65, 139
Europe1 65
Évangile 121
Evian 92

F

Facebook 8–9, 14, 84–85, 89, 94, 104
Federer Roger 64
Fiat 116
Firefox 60
FMI 48
Fondation de France 77
Fosbury 42
France Telecom 88–89
Frank Anne 23
Franklin Benjamin 61
Frazier Joe 64
Frères Lumière 125
Frères musulmans 30
Freud Sigmund 30
Fruit d'or 72, 115
Fust Johann 123

G

G8 48
Galilée 21
Gandhi 97
Gauloises 36
Gavriloff Ivan 89
Géant vert 93
Geller Uri 109
General Services Administration 32
Giscard d'Estaing Valéry 66
Goethe 29
Google 89, 94
Grèce 10, 44
Greenpeace 37, 59, 72, 89
Guare John 85
Guinness Record 84
Gutenberg Johannes 122–123

H

Häagen-Dazs 88
Habermas Jürgen 143
Halo 3 129
Harry Potter 21, 108, 131
Havas Charles 124
Henry Thierry 63
Hertz 70, 93, 124

Hoegaarden 88
Hollywood 63, 107
Hoover Herbert 124
Hugo Victor 57
Hunter Rob 59
Hypnôse 118

I

IBM 89
Inde 35
Intel 38
Internet 8–9, 12–13, 15, 31, 34, 59, 61, 67, 94–95, 111–112, 127, 130
iPhone 96, 132
iPod 54, 57, 117
Irak 140
Iran 16
Isio 4 72
iTunes 68

J

Japon 50, 106
Jésus 26, 52, 95, 111
Jintao Hu 84
Jobs Steve 8, 41–42, 57, 61, 88, 95, 119, 131–132, 137
Joost 62
Jordan Michael 62
Jospin Lionel 70
Journées mondiales de la jeunesse 74, 111

K

Kapferer Jean-Noël 147
Karembeu Adriana 63
Kazaa 62
Kennedy John Fitzgerald 64
Keo 90
Klein Naomi 87, 144
Knight Phil 41, 62
Koan 49–50
Kohl Helmut 97
Kourou 68

L

L'Oréal 64, 118
La Fontaine Jean de 49, 92
La Laitière 55
La Mecque 138
Lacan Jacques 42, 147
Lacoste 34
Lagerfeld Karl 63
Latham Sholes Christopher 32
Le Crédit Lyonnais (LCL) 44
Le Figaro 9
Le Pen Jean-Marie 37
Leclanché 46
Leclerc 76
Leclerc Michel-Édouard 36, 127
Leroy Merlin 117, 127, 129
Les Enfants de Don Quichotte 111

Les Simpsons 96
Lesieur 60, 71, 115
Lévy Marc 21
Libération 116
Life Magazine 97
Ligue communiste révolutionnaire 73
Linux 60
Loeb Sébastien 63
Longchamp 63

M

Macintosh 7, 116, 132
Madonna 63
Mahomet 138
Majax Gérard 110
Mamie Nova 25
Manifeste Dada 107
Marconi Guglielmo 124
Marcuse Herbert 11, 143
Marie 87, 93, 113
Marlboro 10, 92
Mars 82
Marx Karl 11, 24, 61, 69, 135
Mazda 46
McCain John 107, 111
McDonald's 13, 16, 91, 94, 136
MCI 44
McLuhan Marshall 12–13
Médecins du monde 111
Méliès Georges 125
Mendel Johann Gregor 62
Mendès-France Pierre 75

Mentos 15, 95
Mercedes 130
Mère Denis 113
Méry 65
Mexico 97
MG Rover 75
Michel Philippe 19, 25, 46, 135
Michelin 60, 91, 93, 115
Microsoft 38, 60, 129
Milka 93
Mini 75
Mitterrand François 66, 93, 97
Moller 76
Monet Claude 42, 57, 139
Monnet Jean 65, 139
Montaigne 147
Moreno Roland 61
Morin Edgar 22, 55, 69, 75, 147
Morita Akio 58
Morse Samuel 124
Moss Kate 58, 63
Motorola 118
Mozilla 60
MP3 68
Mr. Propre 93
MSN 14, 89
MyBO.com 9
MySpace 14, 89

N

Nadal Rafael 64
Nasa 89

Nestlé 55, 115
Neuf Telecom 101
Neveu Erik 12
New Man 49
New York 94
Newton Isaac 21, 81
Ni pute ni soumise 89
Nike 41, 62–63, 91, 105, 110, 137
Nike Town 110
Noah Yannick 63
Nokia 118
Nouveau Parti anticapitaliste 73

O

O'Toole John Kennedy 33
Obama Barack 9–10, 107, 111
OCDE 48
OK Go 96
OMC 48
Omo 72
ONU 14
Orange 94, 118

P

Pampers 51–52, 105
Panzani 113
Paris-Match 85, 92
Pascal Blaise 25, 147
Pasteur Louis 21, 42, 61
Pavel Andreas 58

Pearl Harbor 102
Pedigree 82, 139
Pékin 96
Pepsi-Cola 103
Peugeot 60
Philippe Jean-Marc 89
Phyllis-Cormack 37
Piaf Édith 58
Pitt Brad 63
PlayStation 96, 108, 117, 137
Poincaré Henri 145
Poison 118
Pompidou Georges 40
Poulidor 64
Poweo 89
Procter & Gamble 105, 114
Professeur Tournesol 72
Pronutris 54
Prost Alain 64
Proust Marcel 19, 92
Psiphon 12
Puma 63

Q

Québec 66
Quessada Dominique 129

R

Randi James 110
Razr 118
Réforme 64
Renault 51, 54, 60, 114

© Groupe Eyrolles

Restos du cœur 65
Ricard 60
Ricoré 93
Rimbaud Arthur 66
Rocher Guy 135
Rogers Everett M. 31
Rome 11
Ronaldinho 63
Roosevelt FD 102
Roumanie 97
Rousseau Jean-Jacques 64
Royal Ségolène 20, 24, 64, 111

S

S.T. Dupont 116
Saint Laurent Yves 21
Salmon Christian 107
Sarkozy Nicolas 20, 24, 64, 69, 101, 107, 111
Sartre Jean-Paul 52, 57, 116
Schank Roger 99
Schubert Franz 62
Schuman Robert 65, 139
Sécurité routière 63
Séguéla Jacques 87
Senna Ayrton 64
Sertorius 11
SFR 118
Shell 91
Silicon Valley 136
Skyca 76
Skype 62

Smith Will 85
SNCF 74
Snook Hans 88
Socrate 145
Sony 25, 43, 58, 100, 114, 117
Starck Philippe 21
Stendhal 99
Super Bowl 106, 127–128

T

TBWAChiatDay 82
Teilhard de Chardin Pierre 3
Téléthon 39, 77
TF1 131
Thompson Dale C. 66
Tibet 104
Timisoara 97
Titanic 15
Tokyo 96
Torvalds Linus 60
Toscani Oliviero 21, 72
Total 41
Toyota 54
Trésor 118
Twitter 14, 89
Tzara Tristan 59

U

UMP 9
Unilever 71–72
Urban Aeronautics 76

V

Valéo 118
Van Gogh Vincent 33, 62
Vanderem Fernand 67
Vauvenargues Luc
  de Clapiers de 42
Vedette 113
Verdun 97
Vermeer Johannes 55
Verne Jules 29
Vietnam 30
Villepin Dominique de 66
Villiers Philippe de 24
Vinci Léonard de 29
Virgin 40, 88, 117, 137
Vodaphone 118
Voltaire 64
Volvo 116
Vuitton 55, 110
Vulgate 122

W

Watson Paul 37
Weber Max 108

Welles Orson 124
Wiener Nobert 11
Wikipédia 60, 89
Wilde Oscar 45
Wonder 46
Woodstock 139
World Trade Center 91, 95, 102
Wozniak Steve 41, 88

X

X-Hawk 76

Y

Yahoo! 89, 94
Yop 114
Yoplait 114
YouTube 15, 89, 95, 101

Z

Zidane Zinedine 58, 84
Zola Émile 16

Table des matières

Sommaire VII
Introduction 1

Première partie
La société de communication et les nouvelles possibilités d'émergence des idées

De la communication en société à la société
de communication 7
    La société en ligne 8
    L'agora planétaire 10
    Le mythe communicationnel 11
    Un monde sans barrière 12
    L'égalité médiatique 15

Du vivant des idées aux idées sur le divan 19
    La lutte de l'idée 20
    Le bouillon des cultures 22
    Pourquoi croit-on ? 24
    Temps de cerveau actif 25
    Éducation communicationnelle 26

Deuxième partie
Les conditions d'émergence de l'idée : contexte, force subversive, porte-parole et lancement

Contexte, un jour, contexte toujours	29
La réaction créatrice	29
Un pari sur le futur...................................	30
Résistance au changement........................	31
La météo des idées...................................	33
L'état d'esprit du récepteur	34
Les courants porteurs................................	35
Surfer sur l'air du temps	39
Façonner le contexte..................................	43
Subvertir, quel plaisir !	45
On ne fait pas d'omelette sans casser d'œufs	45
Idées révolutionnaires et subversion « soft »	47
Éloge du paradoxe....................................	48
S'opposer pour exister, la dialectique de l'idée	51
L'impact des idées....................................	53
De l'idée d'un porte-parole au porte-parole d'une idée...	57
Nul n'est prophète en son pays	57
Trouver le bon porte-parole	61
Profiter du débat, la stratégie des frères ennemis ...	64
La parole qui fait mouche	65
Comment lancer une idée sans qu'elle vous retombe dessus	67
Choisir la fenêtre de tir	68
S'arracher à l'attraction terrestre................	69
Allumer les propulseurs auxiliaires.............	71
Corriger constamment la trajectoire	73

Troisième partie
La communication de l'idée : formule, symboles, histoire, preuves, médias

Du « et si ? » décapsuleur au choc de la formule 81
« Et si on changeait notre manière de voir les choses ? ».. 82
Trouver la formule magique..................................... 83
Choisir le bon nom... 88

La puissance des images, la force du symbole 91
Générer une image mentale..................................... 92
La distinction 94
Créer l'événement 96
Devenir un symbole 97

Les idées ne se font pas sans histoire 99
Toute une histoire 99
La stratégie des deux R.. 100
Raconter des histoires 101
La force de l'*insight* 103
Le pouvoir des paraboles 105
L'art de la narration 107

L'idée à l'épreuve de la preuve 109
Les preuves communicationnelles........................... 110
L'avantage compétitif... 113
La légitimité de marque 115
L'extension du domaine de l'idée 117

La machine à diffuser les idées.................................. 121
Le plus vieux média du monde 122
Les paroles s'envolent, les écrits restent 122
L'invention de l'information..................................... 123
La masse des médias.. 126

Médias 2.0 127
Se faire entendre dans le bruit médiatique 129

Quatrième partie
Comment les idées deviennent idéologies

Quand l'idée fait de l'idéologie 135
    Quand l'idée devient une manière de voir
    le monde... 135
    Les attributs de l'idéologie 137
    À qui profite l'idée ? 140

Conclusion
Des idées pour aller au bout des siennes 143
    La manipulation des idées 143
    L'apprentissage de la créativité 146
    L'exception française 146
    Les 10 commandements des idées........................ 148

Bibliographie... 151
Index des notions... 157
Index des noms propres 161

Composé par Sandrine Rénier

Dépôt légal : octobre 2009
N° d'éditeur : 3937
IMPRIMÉ EN FRANCE

Achevé d'imprimer le 14 octobre 2009
sur les presses de l'imprimerie « La Source d'Or »
63039 Clermont-Ferrand
Imprimeur n° 12483

Dans le cadre de sa politique de développement durable, La Source d'Or a été référencée
IMPRIM'VERT® par son organisme consulaire de tutelle.
Cet ouvrage est imprimé - pour l'intérieur - sur papier offset "Amber Graphic" 90 g
provenant de la gestion durable des forêts,
des papeteries Arctic Paper dont les usines ont obtenu
les certifications environnementales ISO 14001 et E.M.A.S.